커피 바리스타

Coffee Barista

머리말

천 년 이상 이어오며 전 세계인의 기호음료로 자리 잡은 커피는 긴 세월 속에서 각 나라의 식문화와 함께 살아 숨쉬며 다양한 형태로 지금까지 많은 사람들에게 사랑받고 있습니다. 때로는 쉼의 동반자로, 때로는 달콤쌉쌀한 친구로 우리 곁을 지켜온 커피는 다양한 기호 음료 중에서도 독보적인 전성기를 맞이하고 있습니다.

지금까지 출간된 커피 관련 서적은 많지만, 이 책은 이론을 바탕으로 실습을 병행할 수 있도록 기획하였습니다. 특히 이 책에 수록된 사진은 직접 발로 현지를 뛰며 소중하게 기록해 두었던 것들과 이번에 준비하면서 부족한 부분들을 추가로 촬영한 것입니다.

실습과정 중 결과를 평가할 수 있는 평가지가 단원별로 수록되어 있으며, 부록에는 각 단원별 문제를 출제하여 중요한 부분을 다시 복습할 수 있도록 하였습니다. 또한 최신 추출도구들을 소개하여 시대의 흐름에 맞추고자 노력하였습니다.

이 책은 커피의 역사와 문화에서부터 재배와 가공, 각 원산지의 특징, 로스팅과 블렌딩, 그리고 올바른 커핑의 방법과 다양한 추출법, 마지막으로 에스프레소를 이용한 여러 가지 메뉴들을 소개하였습니다. 따라서 커피에 입문하고자 하는 초보자부터, 커피 관련 산업에 종사하고자 하는 예비 커피 전문가까지 쉽게 공부할 수 있도록 구성되어 있습니다.

끝으로 커피 바리스타의 출판을 허락해 주신 파워북의 관계자분들과, 거듭되는 촬영에도 흔쾌히 도와주신 김상아님, 곽효진님, 그리고 한걸음에 달려와 사진촬영을 해 주신 김영십님께 깊은 감사의 말씀을 전합니다. 또한 이 책으로 커피에 대한 사랑을 더 깊이 키워갈 독자분들께 감사드리며, 부족한 부분은 앞으로 계속 개정을 통하여 보완해 나갈 것을 약속드립니다.

저자 일동

:: 차 례

CHAPTER 03 커피의 원산지

CHAPTER 04 로스팅과 블렌딩

CHAPTER 01

커피의 역사와 문화

1_커피의 역사

2_커피의 문화

3_커피의 성분과 효능

커피는 세계적으로 많이 소비되는 음료의 하나로 에티오피아 동북부지방에서 발견되어 아랍으로 전파되었고, 이후 유럽과 미주대륙으로 전해졌다.

1. 커피의 역사

커피는 커피나무의 열매를 가공하여 얻은 생두를 볶은 후 가루로 낸 것을 따뜻한 물이나 수증기를 이용하여 성분을 추출한 음료이다. 발견 초기에는 종교의식에서 정신을 맑게 하는 음료로 사용되었으나 근래에는 기호음료의 하나로 자리 잡게 되었다.

1) 어원

커피의 어원은 아라비아어인 '카와'qahwah가 오스만 터키어Ottoman Turkish인 '카베'kahve로, 다시 이탈리아어인 '카페'caffè를 거쳐 현재 '커피'coffee가 되었다고 한다. 또한 커피의 원산지였던 에티오피아 산악지역의 이름인 '카파'Kaffa에서 비롯된 것으로 보기도 한다. 문헌상 커피의 명칭은 '분'Bun, '번컴'Bunchum이며, 페르시아의 의학자인 라 제스Rhazes(850-922)는 「의학집성」에서 커피를 약으로 처음 기술하였다. 그에 따르면 에티오피아와 예멘에서 자생하는 '분'과 그 즙인 '번컴'이 자극적이고 산뜻한 맛을 가지고 있으며 위에 좋다고 기록되어 있다. 또한 이슬람의 의학자 아비센나 부카라Avicenna Bukhara(980-1037)도 그의 저서 「의학법전」에 커피 열매를 '분'Bunn 또는 '번'Bun으로 커피는 '분춤'bunchum으로 다루고 그 효능을 의학적으로 기술하였다.

2) 발견

커피의 발견설은 칼디의 발견설, 마호메트의 발견설, 오마르의 발견설, 게말레딘Gemaleddin의 발견설, 아라비아 여행자설 등이 있는데, 이 가운데 널리 알려진 것은 칼디와 오마르의 발견설이다.

(1) 칼디의 발견설

에티오피아Ethiopia의 옛 이름인 아비시니아Abyssinia 고원에 살던 칼디Kaldi는 방목했던 염소들이 열매를 먹고 밤에도 뛰놀는 것을 보고 그 열매를 가지고 와 수도승에게 바쳤다. 이후 수도승들에 의해 잠을 쫓고 머리를 맑게 해주는 약으로 쓰이면서 널리 퍼져 이슬람 사원을 중심으로 수행의 명약으로 전파되었다.

(2) 오마르의 발견설

예멘Yemen의 이슬람교 교주였던 오마르Omar가 왕의 미움을 받아 산으로 추방되어 산속을 헤매다 허기지고 지쳐 있을 때 주변에 있던 붉은 나무열매를 먹었다. 그러나 맛이 써서 볶기를 시도하였고, 그 결과 향미가 향상되었으며 액체 상태로 끓여 복용하였다. 이 음료는 피곤이 사라지고 기분이 상쾌해져 '신비의 약'으로 알려졌다.

3) 역사

9세기 칼디의 발견에 이어 농업적 재배가 이루어지고, 여러 나라로 전파된 역사는 다음과 같다.

표 1-1 | 커피의 역사

9세기	칼디의 발견
11세기	예멘에서 농업적 재배, 모카 항을 통하여 교역
13세기	아라비아를 중심으로 이슬람권에서 약으로 음용
15세기	페르시아에서 처음 커피를 볶아 마신 것으로 추정
1510년	이집트 카이로에 커피 소개
1517년	터키의 셀림 1세가 이스탄불에 소개
1554년	이스탄불에 세계 최초의 커피하우스 개점
1615년	이탈리아 베네치아에 전파
1616년	네덜란드에 전파
1637년	영국에 전파
1664년	프랑스 루이 14세가 처음으로 커피를 마심
1668년	미국에 전파

1720년	이탈리아 베네치아에 유럽 최초의 커피하우스 카페 플로리안 개점
17세기말	자바와 서인도에서 대량재배 시작
1895년	아관파천 때 고종 황실에 처음 커피 전파
19세기말	정동 손탁호텔에 한국 커피하우스 탄생
1948년	이탈리아 가찌아A. Gaggia가 가압식 에스프레소 기계 발명
1971년	미국 시애틀의 스타벅스에서 스페셜티 커피 판매 시작

2. 커피의 문화

커피는 짧은 기간에 걸쳐 인류 역사상 가장 빠른 속도로 전파된 음료 중의 하나이다. 아프리카 북부 에티오피아에서 처음 발견된 커피가 이슬람 세계를 거쳐 유럽에 전파되었고, 17세기 유럽사회에서는 새로운 음료인 커피를 마시는 장소인 카페에 열광하였다. 현재 전 세계에서 널리 애용되고 있는 기호 음료인 커피는 다양한 문화로 정착되었다.

1-01 터키식 커피

1) 외국의 커피 문화

(1) 아프리카

모카는 홍해에 위치한 항구로 유럽의 대형 해운회사가 예멘의 커피를 선적하면서 호황을 누리게 되었다. 오늘날에는 예멘과 에티오피아에서 생산된 최고급 아라비카 원두를 모카Mocha커피라고 부른다. 전통적인 방법의 예멘 커피는 커피 열매를 껍질째 말려 볶은 후 그대로 빻아 끓는 물에 넣어 마신다. 모카커피는 초콜릿 향이 있으며 카페인이 적게 함유되어 있다.

1-02 모카항

에티오피아는 최초로 커피나무가 발견된 곳으로 하루에 2~3회 정도 커피를 마신다. 분나켈라Bunakela는 커피를 보리, 밀, 병아리콩과 함께 볶은 것으로 대중적으로 사랑받는 음료이며 경사스러운 날 애용된다.

케냐 커피는 고산지대에서 생산되는 향이 강하고 맛의 균형이 좋은 고급 커피이다. 특유의 쌉쌀한 맛과 과일 맛을 지니고 있다. 탄자니아 커피는 품위 있는 산미와 단맛, 풍부한 초콜릿 향을 가지고 있으며, 맛이 부드러워 아침과 저녁에 마시기에 좋다.

(2) 유럽

이탈리아에서는 에스프레소espresso를 즐겨 마시며, 풀코스로 식사할 경우 마지막에 진한 에스프레소가 나온다. 북부지방은 중간 정도 로스팅한 것을 즐기며 남부로 갈수록 강하게 로스팅한 에스프레소를 마신다. 남부지방은 더운 기후로 자극적인 음식과 함께 커피도 강한 맛과 향을 선호한다. 1720년 베네치아에 유럽 최초의 커피하우스인 카페 플로리안이 생겼다.

1-03 18세기 베네치아의 카페 플로리안

1-04 카페 플로리안의 내부

1-05 프랑스 파리의 카페 르 프로코프

프랑스는 루이 14세가 1664년 처음으로 커피를 마신 후, 1670년경부터는 매년 네덜란드 왕실 전용 커피를 수입하였다. 1686년 최초의 카페인 르 프로코프Le Procope 가 생겨나, 유명한 작가와 정치인들이 즐겨 찾는 집합 장소가 되었다. 프랑스인은 아침에는 카페오레cafe au lait를, 점심과 저녁식사 후에는 진한 커피에 설탕을 넣어 마신다.

오스트리아는 1683년경에 커피가 소개되었고, 오스만 투르크가 물러가고 난 후 폴란드 장교에 의해 최초의 카페가 문을 열었다. 폴란드 장교는 커피를 여과시키고, 우유를 첨가하는 등의 변화를 통해 커피가 점령군의 음료라는 인식을 바꾸고자 노력하였다. 현재 비엔나에 1,500여 개가 넘는 카페가 있으며, 다양한 종류의 커피가 판매되고 있다.

독일은 1675년에 문헌상 처음으로 커피가 등장하였고, 18세기 초가 되어서야 중산층과 서민층들이 커피를 마시기 시작하였다. 프로이센의 국왕 프리드리히 2세는 커피 애호가였으나, 맥주를 보호하고 커피로 인한 국익의 해외 유출을 막기 위해 1777년 '커피 금지령'을 선포하였다. 그러나 이로 인해 암시장이 커지자 19세기 초에 금지령을 철회하였다. 독일인들은 커피를 즐겨 마시며 커피타임에 케이크를 곁들이기도 한다.

영국은 19세기 네덜란드로부터 이양받은 실론Ceylon에서 커피나무를 재배하여 전세계 생산량의 50%를 생산하기도 하였다. 그러나 1890년 커피나무에 녹병이 발생하여 커피나무를 뽑고 대신 차나무를 심어 대대적으로 차에 대한 홍보를 한 결과, 커피보다 차를 선호하는 나라가 되었다.

(3) 아메리카

미국은 가까운 중남미의 영향으로 아라비카arabica종 커피를 선호하며, 1980년경부터 최상급 커피인 스페셜티specialty 또는 구오메이gourmet(프랑스어는 구르메) 커피를 선호하고 있다. 하와이 코나Kona 지역에서 재배되는 커피는 최고급 원두에 속하며, 약간의 신맛, 톡 쏘는 맛과 함께 향이 좋아 스트레이트로 즐기는 것이 좋다.

세계에서 가장 큰 다국적 커피 전문점인 스타벅스는 1971년 미국 시애틀에 이탈리아 스타일의 커피 전문점을 열었다. 이때는 커피 원두를 판매하는 소매점이었으나, 1987년 하워드 슐츠Howard Schultz가 인수하면서 급속도로 성장하였다.

캐나다에서는 필터filter 커피가 인기 있으며, 진한 커피보다는 구수한 맛을 선호한다. 샌드위치나 쿠키 등의 간단한 스낵과 함께 마실 수 있는 커피를 즐긴다.

1-06 시애틀 스타벅스 1호점

브라질은 세계 최대 커피 생산국이며, 아리비카종의 주요 생산지 중 하나이다. 브라질의 전통 커피는 냄비에 물과 설탕을 넣어 가열하고 끓기 시작하면 커피를 넣어 잘 저은 후 여과천quador에 걸러 마시는 '카페징요'cafe-zinho이다. 강하게 로스팅한 커피를 사용하며 데미타세demitasse 컵에 마신다. 이 커피는 환대의 의미를 지니고 있어서 집을 방문하는 손님의 접대용으로 이용된다. 브라질에서는 아침에 커피와 빵을 먹으며, 저녁에도 식사 마지막에 커피를 마신다.

1-07 스타벅스 1호점 인증마크

멕시코는 세계 4위의 커피 수출국으로, 고지대에서 생산되는 커피가 한국에서도 유통되고 있다. 코끼리 원두elephant bean라고 불리는 멕시코 마라고지페Mexico Maragogipe라는 보통보다 특별히 큰 원두도 있다.

(4) 아시아

일본에서는 약 17세기경 에도시대에 커피가 소개되었다. 1950년대부터 미국 문화의 유입과 생두 수입으로 인해 많은 커피숍이 생겼고, 나아가 원두커피를 핸드드립, 사이펀과 같은 기구를 이용한 추출 방법을 활용하는 것으로 발전하였다. 유럽의 드립 커피drip coffee를 도입하여 일본식의 핸드드립 문화를 만들었고, 고노Kono, 칼리타Kalita 등의 여러 가지 새로운 드립퍼dripper가 고안되어 사용되었다.

터키인들은 '카흐베'Kahve라는 커피를 홍차류인 '차이'chai 다음으로 즐겨 마시며, 다른 나라에 비해 생두를 강하게 로스팅roasting 한다. 체즈베cezve라고 하는 구리나

1-08 남인도 스타일의 필터 커피

놋쇠로 만든 찻잔 크기의 자루 달린 주전자에 물과 아주 곱게 간 커피 가루를 넣고 끓인다.

히말라야 산맥이 있는 인도의 북부지방에서는 홍차를 주로 마시고, 커피가 많이 생산되는 남부지방에서는 커피를 주로 마신다. 터키 커피와 마찬가지로 물과 함께 곱게 간 커피 가루를 넣어 끓인 후 필터를 이용하여 걸러낸다. 좁고 긴 컵에 걸러낸 커피와 설탕을 넣고 데운 우유를 넣어 넓은 컵에 옮기기를 여러 번 반복하면 설탕과 우유가 섞이면서 거품이 있는 뜨거운 커피가 만들어진다. 인도인의 1인당 연간 커피 소비량은 홍차보다 적지만 근래 커피 바bar의 빠른 증가로 커피 수요가 증가하고 있는 추세이다.

2) 한국의 커피 문화

1885년 윤치호는 상하이上海 유학 시절 커피를 처음 접하고, 한자음을 빌려 '가비'加菲 · coffee와 '가배'加琲 · café로 썼다. 프랑스 상인 플레상富來祥 · Plaisant은 1910년경 서울에서 땔감을 팔면서 고객에게 커피를 제공하였다. 이를 맛본 서민들은 커피를 '양洋 탕국'이라고 불렀다. 일제 강점기에는 '고히'珈琲라는 일본식 명칭으로 불렸으나, 광복 후 커피로 불리기 시작했다.

한국 초기의 커피 애호가는 고종高宗으로 알려졌다. 1895년 고종이 러시아 공사관으로 파천하고 있을 때 커피를 즐겨 마셨으며, 다음 해 덕수궁으로 환궁한 후에도 계속 마셨다고 한다. 당시 궁중에서 마시던 커피는 각설탕角糖 속에 커피 가루가 들어간 것이었다.

러시아 공사 웨베르가 우리나라에 부임할 때 함께 온 그의 처형인 독일여성 손탁Sontag, 孫鐸은 왕실의 외인外人접대를 맡았으며, 1902년 정동에 손탁호텔을 열고 호텔 식당에서 한국 최초로 커피를 판매하였다.

1919년 이후 명동, 충무로, 종로 등지에도 커피를 판매하는 곳이 생기기 시작하였고, 한국전쟁 이후 미군 부대를 통해 인스턴트instant 커피가 대중화되기 시작하였다. 1960년대 들어서는 다방이 5,000여 개가 생겨나면서 커피가 일반화되기 시작하였다. 1970년에는 동서식품에서 국내 최초로 인스턴트 커피를 생산하였고, 1976년에는 세계 최초로 커피믹스를 개발하여 크게 성공하였다. 1990년대 초 드

1-09 고종이 커피를 마시며 음악을 감상하던 덕수궁 정관헌

립식 원두커피가 들어오면서 커피에 대한 소비자들의 인식이 꾸준히 높아지고 있다. 1999년 미국 커피업체 스타벅스가 서울 서대문구에 1호점인 이대점을 연 이후 에스프레소 커피를 이용한 다양한 메뉴가 등장하였다.

우리나라의 커피 시장은 매년 큰 폭으로 성장하고 있으며, 2010년 프랜차이즈 커피 전문점은 2,000개 시대에 접어들었다. 도입 초기 커피 전문점은 문화공간으로 자리 잡았으나, 지금은 중장년 층을 포함한 전 연령 층이 즐기는 생활공간으로 자리 잡고 있다. 또한 소비자의 커피 취향이 인스턴트 커피에서 원두커피로 고급화되고 있는 추세이다. 최근에는 직접 생두를 볶아 커피를 판매하는 로스터리 카페roastery cafe가 인기를 끌고 있다.

1-10 손탁호텔

3. 커피의 성분과 효능

커피의 성분은 주로 가용성 성분으로 원두의 종류에 따라 다르다. 로스팅 과정에서 당분·유기산·카페인·무기질 성분이 화학반응을 하여 단맛, 신맛, 쓴맛 등 다양한 맛을 발현한다.

커피는 정신적·육체적으로 활기차게 해준다는 긍정적인 평가가 있는 반면, 건강에 해롭다는 주장도 제기되고 있어, 커피의 효능에 대한 과학적인 연구가 활발히 진행되고 있다.

1) 성분

커피 원두의 종류와 산지에 따라 성분 차이가 있으며, 로스팅 전과 후에도 약간의 차이가 나타난다. 일반적으로 커피 원두의 성분은 아래 표와 같다.

표 1-2 | 커피 원두의 성분

단위 : 중량 비율(%)

성분	아라비카종		로부스타종	
	생두	원두	생두	원두
탄수화물	50.0~55.0	24.0~39.0	37.0~47.0	-
지질	12.0~18.0	14.5~20.0	9.0~13.0	11.0~16.0
단백질	11.0~13.0	13.0~15.0	11.0~13.0	13.0~15.0
무기질	3.0~4.2	3.5~4.5	4.0~4.5	4.6~4.5
올리고당	6.0~8.0	0~3.5	5.0~7.0	0~3.5
클로로겐산	5.5~8.0	1.2~2.3	7.0~10.0	3.9~4.6
아미노산	2.0	-	2.0	-
아라파틱산	1.5~2.0	1.0~1.5	1.5~2.0	1.0~1.5
휴믹산	-	16.0~17.0	-	16.0~17.0
카페인	0.9~1.2	1.0	1.6~2.4	2.0

출처: Coffee, Botany, Biochemistry and Production of Beans and Cliffod. MN, (1985).

커피의 성분 중 하나인 카페인caffein은 품종에 따라 함량 차이가 있으나 아라비카종은 1%, 로부스타종은 2% 전후이다. 카페인은 로스팅 과정에서도 손실률이 매우 적은 안정된 화합물이며, 약 10% 정도는 클로로젠산chlorogenic acid과 결합한 형태로 존재한다.

커피의 쓴맛은 알칼로이드alkaloid인 카페인, 트리고넬린trigonelline과 카페산caffeic acid · 퀸산quinic acid 등의 유기산, 페놀계 화합물 등에 의한 것이다. 페놀계 물질인 클로로젠산은 커피의 타닌tannin으로 불리며 약간 쓰고 떫은맛을 내며, 하급 커피일수록 함유량이 많다. 로스팅한 커피의 신맛은 클로로젠산, 옥살산, 말산, 시트르산, 타르타르산 같은 유기산에 의해 나타난다. 단맛은 환원당 · 캐러멜당 · 단백질 같은 성분을 내며, 생두의 품종과 볶는 정도에 따라 다르게 생성된다.

Tip

클로로젠산 chlorogenic acid

폴리페놀polyphenol의 일종으로 커피와 옥수수와 같은 농작물에 포함되어 있으며, 활성산소를 억제하여 발암성 물질을 저지하는 효과가 있다. 로스팅을 강하게 할수록 원두의 클로로젠산 함유량은 감소한다.

2) 효능

커피는 오랫동안 많은 사람에게 사랑받고 있는 대표적인 기호식품이다. 우리가 마시는 커피 한 잔에는 약 40~108mg의 카페인이 들어 있고, 디카페인 커피에는 2~4mg의 카페인이 들어 있다.

카페인은 부신피질호르몬 분비를 활성화시켜 순환기 계통의 활동을 늘리고 이뇨작용을 유발하며 기관지 확장, 담낭 수축, 위장의 운농성을 증가시키는 효과가 있다. 카페인은 또한 중추신경 활성제로서 뇌에 영향을 미쳐 각성 효과를 나타내며, 혈관을 확장시키고 심장박동수를 증가시키는 등 여러 가지 생리작용을 일으킨다. 반면 잠을 못 이루게 하거나 심장박동을 불규칙하게 만들고, 위산의 분비 증가 및 이뇨작용 등의 부작용이 나타날 수도 있다.

임산부가 커피를 마실 경우 커피 자체가 기형아의 출산을 유발하지는 않으나 카페인이 담배, 알코올 등 기형 유발 약물의 작용을 강화할 수 있으므로 임신 중이거나 임신을 고려 중인 여성은 하루 카페인 섭취를 300mg 이하(커피 2잔 정도)로 하는 것이 바람직하다.

CHAPTER 02

커피의 재배와 가공

커피나무는 적도를 중심으로 북위 23.5도와 남위 23.5도 사이에 위치한 열대, 아열대지역의 70개국 이상에서 재배되고 있으며, 이 지역을 '커피 벨트'coffee belt 또는 '커피 존'coffee zone이라고 한다. 커피나무의 발원지 및 원산지인 에티오피아 아비시니아 고원을 비롯한 아프리카, 카리브해, 중미, 남미, 아시아 등의 커피 존에서 집중적으로 재배 생산되고 있다.

2-01 세계적인 커피 생산지

1. 커피나무

커피나무는 꼭두서니과 상록 소교목으로 기후, 재배조건에 따라 6~9m로 성장하지만, 재배와 수확이 쉽도록 보통 1.5~2m 정도로 재배한다.

커피나무의 잎 표면은 광택이 있으며 가지의 좌우에서 2개의 잎이 대칭으로 자란다. 파종 후 3년이 지나면 꽃이 피고, 꽃이 진 자리에 열매가 맺힌다. 커피 꽃은 흰색으로 자스민jasmine의 달콤한 꽃향기가 난다. 꽃잎은 종에 따라 다른데 아라비카와 로부스타종은 5장, 리베리카종은 7~9장이다. 꽃은 우기가 지나 개화한 후 2~3일이 지나면 지고, 그 자리에 열매가 맺힌다.

2-02 커피 농장 전경

2-03 커피나무 1년생

2-04 코페아 아라비카 꽃

2-05 코페아 카네포라(로부스타) 꽃

2. 커피 열매

커피 열매는 색과 형태가 앵두와 유사하여 '커피체리'coffee cherry라 불린다. 품종에 따라 붉은색, 노란색, 검붉은 보라색의 외피를 지니고 있다. 외피를 벗기면 끈적이고 단맛이 나는 점액질의 과육mucilage pulp이 있다. 과육 안에는 파치먼트parchment라는 내과피가 있다. 이 파치먼트 속에 은색의 엷은 껍질인 은피(실버스킨 silver skin)가 생두를 감싸고 있다. 하나의 커피 열매에는 일반적으로 두 개의 생두가 편평한 면을 서로 마주 본 형태로 있다. 그러나 하나의 커피 열매에 둥근 형태 생두가 하나만 들어 있는 경우, 이를 '피베리'peaberry(스페인어로 카라콜리로 caracolillo)라 한다. 피베리는 유전적 · 환경적인 요소에 의해서 생기며 수확 시 전체의 2~10% 정도 발견된다. 하나의 커피 열매 속에 세 개의 콩이 들어 있을 때, '트라이앵귤러 빈'Triangular bean이라 한다.

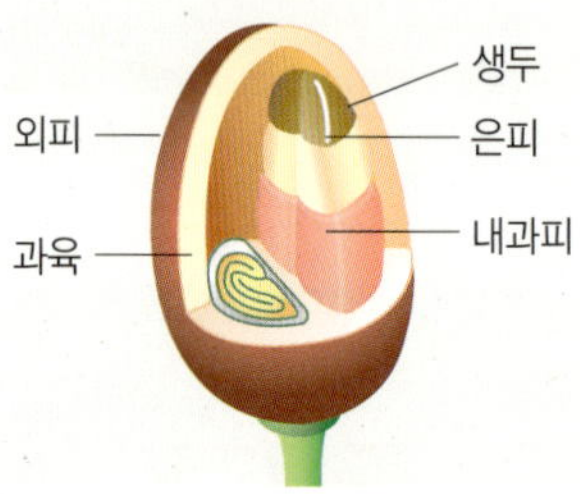

2-06 체리의 구조

2-07 체리 단면

2-08 체리껍질과 내과피가 있는 커피콩

2-09 플랫 빈

2-10 피베리

2-11 트라이앵귤러 빈

3. 커피의 품종

식물학적으로 커피나무는 피자식물문被子植物門 쌍떡잎식물강 꼭두서니과에 속한 식물이다. 꼭두서니과에 속한 종인 코페아Coffea의 주요 품종 중 코페아 아라비카Coffea arabica와 코페아 카네포라Coffea canephora를 대표 품종으로 꼽을 수 있다.

이 두 종은 전 세계 커피 생산량의 약 98%를 차지하고 있다. 이 둘을 제외한 약 1~2%는 코페아 리베리카coffea libreica와 코페아 엑셀사Coffea excelsa이다. 코페아 아라비카는 에티오피아의 1,300~2,000m의 고지대에서, 코페아 카네포라는 아프리카 1,000m이하의 저지대에서 성장한 것으로 알려졌다. 코페아 카네포라는 로부스타라는 이름으로도 잘 알려져 있다. 커피 생산량의 약 70%를 차지하는 코페아 아라비카는 주로 일교차가 큰 고지대에서 재배되어 다양한 향과 훌륭한 산미를 지니고 있어 원산지별 특징을 살린 단종 커피로 사용된다. 그러나 병충해에 약하다는 단점을 지니고 있어 세밀한 관리가 필요하다. 반면 코페아 카네포라는 전체 커피 생산량의 약 30%를 차지하며 병충해에 강해 저지대에서 재배가 잘 이루어지고 있다. 코페아 아라비카보다 활발한 성장을 보여 바디감이 뛰어나고, 쓴맛이 주로 나타나는 특성이 있어 에스프레소의 블렌딩용으로 사용되기도 한다.

2-12 코페아 카네포라(로부스타)

2-13 코페아 리베리카

2-14 아라비카

코페아 리베리카는 아프리카 서부의 저지대 해안 가까이에서 나타났으며, 코페아 엑셀사는 코페아 리베리카와 밀접한 연관이 있는 것으로 보이며, 서부와 중부 아프리카의 저지대 삼림지역에서 그 기원을 찾을 수 있다. 현재는 동남아시아 지역에서 재배되어 코페아 로부스타와 함께 구분되며 전체 커피 생산량의 약 2% 이내로 일부에서만 사용되고 있다.

코페아 아라비카에 대해서는 지구 온난화로 인한 기후 변화에 대한 적응력 및 병충해에 대한 저항력의 향상과 수확량의 증대와 함께 다양한 향미를 지닌 품종 개발을 위한 노력이 끊임없이 이어지고 있다. 이러한 품종 개발을 위해 인공교배되어 만들어지는 새로운 품종이 있는가 하면, 일반적인 생물군과 마찬가지로 돌연변이 품종이 등장하기도 하고, 자연 환경에서 서로 다른 품종끼리 교배되어 새로운 품종이 나타나기도 한다. 현재 수많은 품종이 세계 각지의 농장에서 재배되고 있으며, 여러 연구기관에서 새로운 품종들을 연구하고 있다.

가장 오래된 품종인 타이피카typica는 훌륭한 풍미를 지니고 있고, 타이피카의 돌연변이 품종인 버번bourbon은 타이피카와 비슷한 특성을 지니고 있으면서 수확량이 더 많으며 저항력이 강하다. 커다란 생두로 유명한 마라고지페maragogype는 타이피카에서 나타난 돌연변이 품종이며, 키가 작은 특징을 지닌 카투라caturra는 버번의 돌연변이 품종이다. 이처럼 하나의 품종에서 나타난 돌연변이를 선별하여 재배하는 경우도 많지만, 문도노보mundo novo처럼 서로 다른 두 품종을 인공교배하여 만들어진 품종도 있다. 문도노보는 수마트라와 레드 버번의 혼합종으로서 브라질 기후에 잘 적응하여 수확량이 많은 것이 특징이다. 카투아이는 브라질의 연구기관에서 옐로 카투라와 문도노보를 인공교배하여 만들어낸 품종으로, 카투라의 작은 키와 문도노보의 우월한 생명력을 모두 갖고 있다. 혼합교배로 등장한 품종 중에는 아라비카 사이에서만 교배된 것이 아니라 아라비카와 카네포라가 혼합된 경우도 있다. 아라비카와 로부스타의 자연교배를 통해 등장한 HdT Hibrid de Timor는 가뭄에 강하다는 장점이 있으나 생산성이나 커피의 품질이 좋지 못하다.

표 2-1 | 커피 품종 가계도

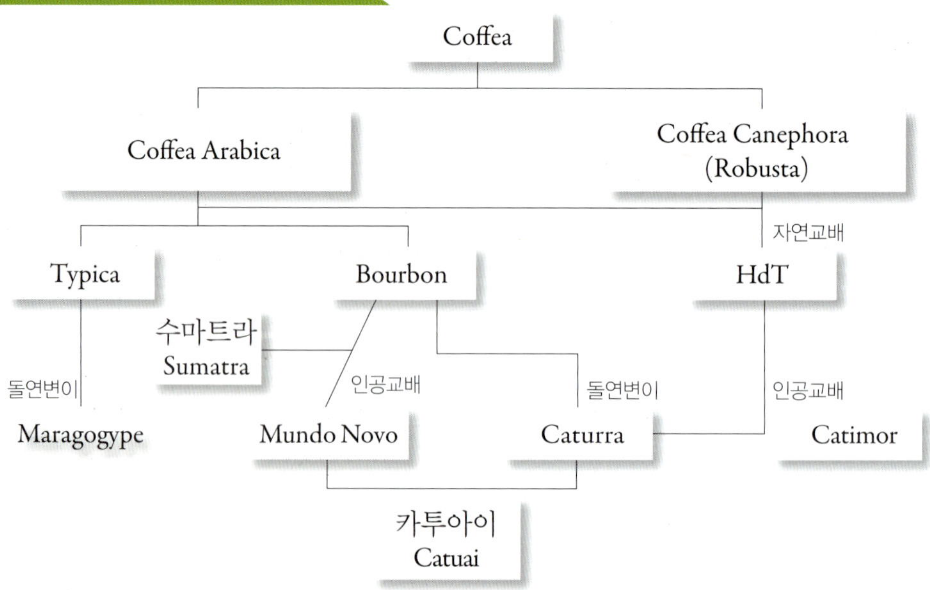

이 HdT와 카투라를 인공적으로 혼합한 종이 카티모르catimor 이다. 카티모르는 다른 아라비카 품종에 비해 풍미는 부족하나 병충해에 강하다.

4. 커피 재배

1) 재배 조건

아라비카를 재배하기 위해서는 하루 두세 시간 정도의 짧지만 강한 햇볕, 햇빛을 가리는 키 큰 나무shade grown나 적당한 구름과 서늘한 바람, 계절의 변화가 적은 온화한 기후, 그러나 적당히 큰 일교차, 물이 고여 있지 않은 촉촉하고 비옥한 토양이 필요하다. 특히 화산재와 같이 다공질의 토양은 배수가 잘되고 커피나무의 생육을 위한 영양분이 풍부하기 때문에 더욱 좋다. 우기와 건기의 구분이 있어야 하지만, 집중호우와 강한 바람은 좋지 않다. 서리가 내리지 않고 연간 15~24℃의 기온이 유지되며 경작 고도가 800m 이상인 고지대가 좋다. 따뜻한 기온이 필요하나 일교차가 클수록 커피가 더 단단하게 성숙되어 조밀도가 높다. 조밀도가 높은 커피는 조밀도가 낮은 커피에 비해 향미가 뛰어난 편이다.

로부스타는 아라비카에 비해 생육조건이 덜 까다로워 웬만한 기후와 토양은 잘 견뎌내고, 병충해에도 비교적 강하다. 연간 24~30℃의 기온이 유지되면 비교적 무난하게 경작될 수 있다. 주로 해발 1,000m 이하의 저지대에서 재배 된다.

2) 커피 재배

커피는 파치먼트 상태에서 땅에 직접 심거나 묘판에 심어 발아시킨다. 씨앗을 심고 한 달에서 두 달이 지나면 발아되어 떡잎이 나온다. 5~6개월 후 50cm 정도의 묘목으로 자라면 농장으로 옮겨 심는

2-15 파종

2-16 떡잎

2-17 묘목

다. 커피 씨앗이 심어진 묘판이나 땅은 그늘막을 형성하여 직사광선을 막아준다. 이 시기의 커피나무는 병충해, 바람, 햇빛에 매우 취약하기 때문에 여러 예방 조치가 병행되어야 한다. 토양의 수분을 유지하고 충분한 비료를 주는 것 역시 중요하다. 커피나무가 자라는 동안에는 생산량을 올리기 위해 가지치기를 해주며, 수확이 편리하도록 일반적으로 2~3m 정도의 키를 유지하도록 관리한다. 커피나무를 농장으로 옮겨 심고 약 3년 후 우기가 지나면 일제히 꽃이 핀다. 피어난 꽃은 2~3일 후 시들고, 시든 후 4~5일이 지나면 꽃이 떨어진 자리에 녹색의 단단한 열매가 자라기 시작한다. 이 열매는 약 7개월 동안 조금씩 자라나며 품종에 따라 다른 색으로 익어간다.

2-18 묘목 이식

2-19 꽃핀 커피나무(3년 후)

2-20 커피 열매

2-21 기계 수확

2-22 핸드피킹–스트리핑 수확

2-23 핸드피킹–셀렉트 수확

3) 수확

산지에 따라 기후가 다르기 때문에 꽃이 피고 열매가 익는 시기의 차이가 발생한다. 이에 따라 수확 시기 역시 산지마다 차이가 있다. 또한 하나의 가지에도 열매가 이는 속도가 서로 다르다. 이처럼 산지의 차이, 열매의 익는 속도 차이 때문에 수확 방법 역시 여러 가지이다. 핸드피킹hand picking에는 먼저 익은 열매를 직접 눈으로 보고 손으로 하나하나 따는 셀렉트select 방법이 있다. 농장의 인부들이 허리에 바구니를 차고 커피 열매를 손으로 골라내므로 노동력과 시간이 많이 소모되지만 그만큼 정확한 수확이 가능하여 커피의 품질이 우수하다. 이와 비슷하지만 수확의 정확도가 떨어지는 스트리핑stripping 방법이 있다. 이 방법은 열매가 적당히 골고루 익는 시기를 택하여 가지를 손으로 훑어내는 것이다. 이때는 셀렉트select 핸드피킹에 비해 노동력과 시간이 적게 들지만 덜 익은 열매가 같이 수확되어 커피의 품질이 떨어질 수 있다. 대농장의 경우, 특히 브라질에서는 주로 특수한 기계를 사용하는 수확방법을 사용한다. 이 방법은 여러 개의 봉이 회전하는 기계를 이용하여 가지를 털어내는 것으로, 노동력과 시간이 가장 적게 소모된다. 하지만 익지 않은 열매도 함께 담기고 나뭇잎이나 나뭇가지 같은 불순물이 섞이는 단점이 있다.

5. 커피 가공

수확 이후 가공까지의 시간이 짧을수록 신선한 커피의 맛을 살릴 수 있다. 열매 속의 씨앗인 생두를 얻기 위해서는 다양한 방법의 가공 과정이 필요하다. 이 가공은 커피 열매에서 생두를 제외한 모든 구성물을 제거하는 과정이라 할 수 있다. 산지마다 독특한 가공 방식을 유지하고 있으며, 좋은 품질을 위해 세심하게 관리하고 있다. 가공 방식은 크게 물을 이용하는 방식과 태양을 이용하는 방식으로 나눌 수 있는데, 이 과정에 따라 커피의 맛과 향에 큰 차이가 생긴다.

1) 내추럴/펄프드 내추럴 방식

내추럴natural 방식은 수확한 커피 열매를 햇볕에 말리는 가공 방식이다. 이 가공 방식은 물이 많이 필요하지 않기 때문에 건조한 지역에서 주로 사용한다. 가공 순서는, 먼저 커피 열매를 콘크리트나 비닐 시트 위에 펼쳐 말린다. 건조되는 정도를 비슷하게 해주기 위해 주기적으로 뒤섞어준다. 충분히 건조되지 않은 경우 미생물 등 생두에 결점을 주는 요인이 발생할 가능성이 매우 높다. 말린 열매에서 껍질과 파치먼트를 한꺼번에 제거하여 생두를 얻는다. 이 내추럴 방식으로 가공된 커피는 거칠고 톡 쏘는 맛과 함께 바디감이 풍부하며, 커피가 지닌 자연스러운 과일의 느낌을 지니고 있다. 그러나 건조 과정에서 생길 수 있는 결점들 때문에 과도한 흙의 풍미나 곰팡이 맛이 생길 수 있고 햇볕에 말리는 과정에서 시간과 노동력의 소모가 비교적 큰 편이다.

내추럴 방식으로 하기 전에 외피를 먼저 벗기면 펄프드 내추럴pulped natural 방식이 된다. 이때 열매는 외피를 제외한 과육과 파치먼트가 남아 건조된다. 충분한 건조 과정 이후 내추럴 방식과 마찬가지로 과육과 파치먼트를 한꺼번에 제거한다. 껍질을 제거하는 과정인 펄핑pulping 중에 덜 익은 열매를 골라낼 수 있기 때문에 일반적인 내추럴 방식보다 결점두defect bean가 적을 가능성이 높다. 내추럴 방식과 마찬가지로 과육의 풍미가 생두에 첨가되어 바디감과 꽃향기, 과일 맛이 나타난다.

2-24 내추럴 방식

2-25 펄프드 내추럴 방식

2) 워시드 방식

워시드washed 방식은 물을 많이 사용하는 가공 방식이다. 먼저 수확한 열매의 외피를 벗겨낸 뒤 발효탱크에 넣어 점액질을 제거한다. 발효 과정이 지나면 수로에 흘려보내며 물로 씻어낸다. 점액질을 제거한 파치먼트 상태의 열매를 파티오patio나 선반, 기계에서 건조하고, 충분히 건조시킨 파치먼트는 숙성 과정에 들어간다. 숙성이 끝나면 파치먼트를 벗겨내는 탈곡 과정을 거친다. 탈곡 과정 중에는 생두에 붙어있는 은피(실버스킨 silver skin)를 벗겨내는 폴리싱polishing 과정이 추가되기도 한다. 워시드 방식은 내추럴 방식에 비해 가공과정이 많기 때문에 결점이 있는 열매를 골라낼 기회가 많다. 따라서 커피 맛이 더 깔끔하고 일관성이 있다. 또한 풍미의 균형이 잘 잡히며 산도가 깨끗하다. 하지만 가공 과정이 복잡해 시간이 걸리고 특수한 시설이 필요하다. 그리고 물의 사용이 많아 물이 풍부한 지역에서 사용할 수 있다는 제약이 있다. 또한 가공 과정에 사용한 물을 그대로 방류하면 환경오염의 원인이 될 수도 있다는 단점도 있다.

2-26 수확한 체리

2-27 펄핑

2-28 발효

2-29 건조

2-30 탈곡

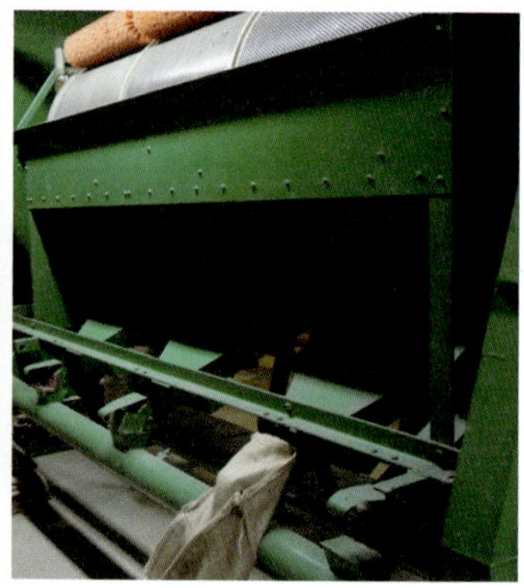

2-31 크기 분류

2-32 결점두 고르기

2-33 포장

3) 수마트라 방식, 세미워시드 방식

수마트라Sumatra 방식은 인도네시아의 수마트라에서 사용하는 독특한 가공 방식으로, 수확한 열매의 외피를 곧바로 벗겨낸 후 하루 정도 건조한 뒤 과육과 파치먼트를 제거하여 생두 상태에서 건조하는 방식이다. 수확에서 가공까지 걸리는 시간은 짧으나 생두 상태에서 건조할 때 세심한 수분 유지가 필요하다. 또한 가공 과정이 짧고 단순하기 때문에 결점이 있는 열매를 골라낼 기회가 부족해 직접 손으로 하나하나 골라내는 노동력이 추가적으로 필요하다.

세미워시드semi-washed 방식은 워시드 방식을 축소시킨 방법이다. 기계를 사용하여 수확한 열매의 외과피와 과육을 제거한 뒤 파치먼트 상태의 열매를 햇볕과 기계로 건조한다. 워시드 방식에서 발효 과정을 생략하고 기계를 거치는 가공 방식으로, 물을 적게 사용하기 때문에 주변 환경을 비교적 적게 오염시킨다. 커피의 품질은 내추럴 방식보다 안정적인 편이다.

6. 커피의 등급 분류

가공이 끝난 생두는 생산 국가의 기준에 따라 등급을 분류한다. 등급 분류를 통해 생산자와 소비자 사이의 커피 유통이 더욱 원활해질 수 있다. 등급 분류는 커피의 품질이나 풍미처럼 주관적인 기준보다는 크기나 결점두의 수와 같이 객관적인 기준에 따른다.

등급 분류 기준에는 여러 가지가 있지만 대표적인 것으로 재배고도, 생두의 크기, 결점두의 수를 꼽을 수 있다. 재배고도를 기준으로 하는 국가로는 먼저 멕시코, 온두라스, 엘살바도르, 과테말라, 코스타리카가 있다. 멕시코, 온두라스, 엘살바도르는 가장 높은 지역에서 재배된 생두를 SHG Strictly High Grown로, 코스타리카는 SHB Strictly Hard Bean로 분류한다. 생두 크기를 등급 분류 기준으로 삼는 경우에는 생두의 크기를 뜻하는 스크린 사이즈screen size에 따라 분류한다. 스크린 사이즈 1은 1/64인치로, 스크린 사이즈에 따라 분류할 때는 일정한 크기의 구멍이

2-34 커피의 크기에 따른 분류기구

여러 개 뚫려 있는 스크리너screener를 사용한다. 생두가 망의 구멍을 통과하지 못할 때까지 거르면 해당 스크리너의 번호가 생두의 스크린 사이즈가 된다. 케냐 AA의 경우 스크린 사이즈 23 이상이며, 탄자니아 AA의 경우 스크린 사이즈 22 이상이다. 콜롬비아 역시 생두의 크기에 따라 등급을 분류한다. 스크린 사이즈 17 이상인 경우 수프리모supremo로, 스크린 사이즈 14 이상 16 이하인 경우 엑셀소exelso로 분류한다. 마지막으로 결점두에 따라 등급을 분류할 때는 300g의 생두에 들어 있는 결점두의 수를 기준으로 삼는다. 에티오피아에서는 Grade 1부터 8까지, 브라질에서는 No. 2에서 6까지, 인도네시아에서는 Grade 1~6으로 분류한다. 결점두는 커피의 재배, 가공, 보관 과정에서 발생할 수 있으며, 커피의 품질에 악영향을 미친다. 결점두의 종류와 특징은 다음 표 **2-2**와 같다.

표 2-2 | 결점두

이름	발생원인	영향	발생시점
벌레 먹은 생두 Insect damaged bean	• 벌레 Hypothenemus hampei, Coffee Berry Borer	• 풍미와 산도 약간 감소 • 약간의 불쾌한 맛과 향	재배과정
어두운 갈색으로 변색된 생두 Dark brown bean	• 벌레, 과성숙	• 풍미와 산도 거의 없음 • 간혹 감자 맛이 나기도 함	재배과정
호박색으로 변색된 생두 Amber bean	• 토양의 철분 부족이나 과도한 산성 성분으로 추정	• 풍미와 산도 약간 감소 • 풀이나 나무 풍미	재배과정
코끼리 생두 Elephant bean	• 유전적 결함–두 개 이상의 생두가 서로 합쳐짐	• 영향 없음	재배과정

잘 부서지는 생두 Flaky bean(chip)	• 영양 부족	• 약간의 불쾌한 맛과 향 • 풍미와 산도 감소 • 나무 풍미	재배과정
코끼리 생두의 조개 껍질 모양 조각 Shell of elephant bean	• 유전적 결함–엘리펀트 빈과 동일 • 헐링hulling 과정에서 엘리펀트 빈에서 떨어져 나옴	• 풍미 감소 • 로스팅이 알맞게 되는 경우 큰 영향 없음	재배과정
코끼리 생두의 몸통 조각 Body of elphant bean (core, ear)	• 유전적 결함–엘리펀트 빈과 동일 • 헐링hulling 과정에서 엘리펀트 빈에서 떨어져 나옴	• 로스팅이 알맞게 되는 경우 영향이 없거나 아주 적음	재배과정
냉해를 입은 생두 Frost damaged bean	• 냉해	• 풍미와 산도 거의 없음 • 심한 경우 불쾌한 맛과 향	재배과정
미성숙두 Immature bean	• 성장 과정의 문제(가뭄, 혹사, 비료, 병충해) • 이른 수확	• 쓴맛이 강해짐 • 풍미와 산도 감소 • 약과 같은 불쾌한 맛과 향 • 썩은 맛이 날 수 있음	재배과정
마른 생두(쪼글쪼글한 생두, 표면이 고르지 않은 생두) Withered bean (Shriveled bean, Ragged bean)	• 성장 과정의 스트레스 • 가뭄	• 풍미와 산도 약간 감소 • 간혹 미성숙두의 풍미가 나타남	재배과정
검게 변색된 생두 Black Bean	• 병충해 • 익는 기간 동안 탄수화물 공급 부족 • 과성숙 • 미성숙두를 잘못된 조건에서 건조 • 곰팡이에 의해 과발효된 생두를 건조 • 습도 조절 실패	• 풍미와 산도, 바디 완전히 사라짐 • 불쾌한 맛과 향이 확실함	재배과정, 수확과정, 가공과정
갈색으로 변색된 생두 Brown bean	• 느린 건조 • 냉해 • 줄기마름병	• 불쾌한 맛과 향이 확실함 • 바디 약간 감소 • 풍미와 산도 완전히 사라짐	수확과정, 가공과정
밀랍을 바른 것 같은 생두 Waxy bean	• 과성숙	• 산도 거의 없거나 아예 없으며 약간의 풀 느낌이 나거나, 풍미가 전혀 없고 불쾌한 맛과 향이 나기도 함	수확과정, 가공과정

여우털 색깔로 변색된 생두 Foxy bean	• 과성숙 • 수확 후 펄핑하기 전까지 시간이 길어 발효됨 • 냉해 • 물로 씻어내는 과정에서의 오류 • 기계 건조 과정에서의 오류(잘 뒤섞이지 않거나 과열된 경우)	• 풍미와 산도가 약간 감소 • 약간의 풀 느낌	재배과정, 수확과정, 가공과정
껍질로 뒤덮인 생두 Coated bean	• 가뭄 • 미성숙 • 너무 느린 건조 • 부족한 발효 시간	• 쓴 맛과 떫은 맛 증가 • 풍미와 산도 약간 감소 • 풀 느낌	재배과정, 가공과정
펄퍼(pulper, 과육채취기)에 뜯긴 생두 Pulper-nipped bean/ Pulper-cut bean	• 펄핑 기계가 잘못 조정됨 • 미성숙한 열매나 균일하지 않은 크기의 열매를 같이 펄핑함	• 손상 정도에 따라 풍미와 산도 감소 • 약간의 화학약품 느낌이나 발효된 느낌	가공과정
뭉개진 생두 Bruised bean	• 건조 과정에서 짓눌림 • 부드럽거나 미성숙한 생두 껍질을 벗기는 과정 • 미성숙한 생두를 맷돌로 감	• 산도는 약간 사라지나 풍미는 조금 감소하는 정도 • 발효 느낌	가공과정
껍질이 일부만 벗겨진 생두 Partly depulped bean	• 미성숙, 과성숙하거나 일부만 건조된 열매의 껍질을 벗김	• 약간의 불쾌한 느낌 • 풍미와 산도 약간 감소	가공과정
악취가 나는 생두 Stinker bean	• 과발효 • 오염된 물에 노출됨 • 펄핑 과정의 지연 • 잘못된 건조	• 풍미가 완전히 사라짐 • 발효된 느낌의 불쾌한 맛과 향이 강함 • 썩은 생선 냄새	가공과정
파치먼트에 들어 있는 생두 Bean in parchment	• 수세식의 경우 : 헐링 과정의 오류 • 건식의 경우 : 펄핑 과정의 오류	• 풍미와 산도 감소 • 독특한 나무 느낌 • 화학약품의 불쾌한 맛과 향	가공과정
마른 체리, 깍지 Dried cherry, pod	• 작은 열매를 골라내지 못함	• 풍미와 산도 약간 사라짐 • 불쾌한 맛과 향이 있을 수 있음	가공과정
깨진 생두 Broken bean	• 헐링 과정의 오류	• 풍미, 산도, 바디에 약간의 영향이 있을 수 있음	가공과정

상한 생두 Sour bean	• 수확 이후 펄핑하기까지 많은 시간이 소요됨 • 과발효 • 발효 탱크의 오염 • 오염된 물 • 습도가 너무 높은 환경에서의 보관 • 과성숙한 열매를 느리게 건조함	• 풍미가 많이 감소 • 강한 신맛	가공과정, 보관과정
희게 변색되고 물에 뜨는 생두 White floater bean	• 원인 불명 • 보관 중에 발생하는 것으로 추정	• 풍미와 산도가 감소 • 나무 느낌	보관과정 (추정)
희게 변색된 생두 White bean	• 보관이나 운송 중 박테리아로 인한 변색 • 보통 올드 크롭(old crop : 수확한 지 2년 이상 된 오래된 콩)에서 나타남 • 건조 과정의 습기	• 풍미 감소 • 퀴퀴한 맛	보관과정
파치먼트 조각 Piece of parchment	• 헐링 부족	• 풍미 약간 감소 • 약간의 풀 느낌	가공과정
껍질 조각 Piece of husk	• 껍질 벗기기 과정의 오류	• 풍미 감소 • 화학약품의 불쾌한 맛과 향이 약간 있음	가공과정

Tip

병충해

병충해는 커피나무의 성장을 방해하고, 열매를 상하게 하여 커피 맛에 악영향을 준다.

커피나무를 공격하는 벌레의 종류 중 메뚜기나 귀뚜라미는 커피나무의 잎을 갉아먹는다. 대체로 진딧물은 커피나무에는 크게 피해를 주지 않지만 몇몇 종의 경우 피해를 입히기도 한다. 깍지벌레는 커피나무의 수액을 빨아먹으며, 총채벌레와 같은 벌레들은 커피나무의 잎과 줄기를 심빔한다. 개미는 나뭇잎과 줄기로 집을 짓거나, 진딧물을 도와 피해를 입히기도 하지만, 반대로 다른 해충을 잡아먹기도 한다. 진드기와 흰개미, 나방 애벌레 등도 잎과 줄기에 피해를 입힌다. 커피 열매에 알을 낳아 그 애벌레가 안에서부터 파먹거나 다 자란 후에도 커피 열매를 먹는 벌레들도 있다. 뿌리 역시 선충에 감염되는 경우가 있다. 벌레의 공격을 받는 경우, 커피나무 잎은 큰 피해를 입거나 고사하고 커피 열매는 결점두로 분류된다.

커피나무가 앓을 수 있는 병의 수는 다른 농작물과 마찬가지로 매우 다양하며, 피해의 정도와 관리 역시 천차만별이다. 그중 가장 중요한 것은 커피 이파리 녹병Coffee Leaf Rust : CLR과 커피 열매 병Coffee Berry Disease : CBD이다. 녹병이 처음으로 유래한 곳은 아프리카로 보이며, 녹병이 퍼지면 어김

없이 엄청난 손실이 발생한다. 특히 1800년대 후반 실론에서부터 수마트라와 자바 지역에 광대하게 퍼져 큰 피해를 준 것으로 유명하다. 이러한 피해 때문에 녹병을 방지하기 위한 막대한 투자와 노력이 이어져왔다. 특히 리베리카와 카네포라를 아라비카 품종과 혼합교배한 품종의 개발은 녹병에 저항력이 강한 새로운 품종 개발로 이어졌다. 커피 열매 병은 1900년대 초반 처음으로 학계에 보고되었다. 균류가 열매를 덮고 결국 내부까지 침투하여 열매를 손상시킨다. 현재 커피 열매 병에 대해서는 케냐, 에티오피아, 카메룬 등에서 병을 유발하는 균류를 억제하기 위한 연구가 진행되고 있다.

7. 커피 인증제도

커피산업이 광범위해짐에 따라 단순히 생산자와 소비자 간 거래의 차원에서 벗어나 커피가 지니고 있는 사회적 역할에 대한 의식이 생겨났다. 또한 커피산업이 지구 환경에 미치는 환경적 영향에 대한 의식도 커져왔다. 이러한 의식들을 통해 여러 인증제도가 설립되었고 사회적 · 환경적인 측면을 고려하기 위해 사용되고 있다. 커피산업이 경제적 이득을 위해서만 소모되는 것이 아니라 환경과 조화를 이루고 사회적인 환원을 이룰 때, 환경 파괴 없이 '지속 가능한 커피'Sustainable Coffee 산업으로서 더욱 건강하게 발전할 수 있다.

사회적인 측면에서 커피산업은 다른 농작물과 마찬가지로 재배하고 이를 가공하여 보관할 수 있는 상태로 만들어 소비자에게 유통하는 방식이다. 이 과정에서 생산에 참여하는 농가의 삶의 질과 농장 인부에 대한 처우도 중요한 문제로 인식되고 있다. 이러한 의식을 기반으로 공정거래 인증제도가 만들어졌다. 공정거래는 생산자인 커피농장의 인부들, 그리고 그 인부들이 만든 조합에 대해 소비자의 입장에서 적절한 대가를 지불하는 것을 말한다. 커피농장 생산자들의 보상은 열악한 편이며 이를 보상하기 위해 공정거래 인증제도가 시작되었고, 공정거래를 통해 발생하는 이득

2-35 공정거래무역 인증마크

은 실질적인 생산자들의 처우개선을 위해 사용된다. 노동자들을 위한 편의시설이나 여러 사회복지 관련 시설을 구축하는 자원으로 쓰이는 것이다. 이 공정거래 인증은 국제공정무역기구Fairtrade Labeling Organization에서 심사하고 인증한다.

환경적인 측면에서의 지속 가능성은 농산품 산업의 고질적인 문제를 해결하기 위한 노력에서부터 시작된다. 커피의 가공 과정에 따라 상당량의 물을 사용하면서 환경을 오염시키기도 한다. 뿐만 아니라 병충해를 방지하고 생산량을 증대하기 위해 각종 화학약품을 사용하는 경우가 생긴다. 가공 분야에서는 가공 시설의 개선과 재배국가 자체적으로 시행하는 환경보호 관련 제도에 맡길 수밖에 없다. 하지만 커피를 재배하는 과정에서는 유기농 농법과 셰이드그로운shade grown 혹은 버드 프렌들리bird fhiendly 같은 대책들이 마련되어 있다.

2-36 유기농커피 인증마크

유기농 농법은 현재 유기농 인증을 통해 소비자들이 그 커피가 재배되는 동안 화학제품이 사용되지 않았음을 확인할 수 있다. 유기농 인증을 받기 위해서는 환경 친화적인 방법만을 사용해야 하는데, 이 방법에는 화학제품의 사용은 물론 유전자 조작을 하지 않는 것 역시 포함되어 있다. 셰이드그로운 혹은 버드 프렌들리는 커피 재배에서 볼 수 있는 독특한 방식의 재배 방법이라 할 수 있다. 특히 묘목 시기부터 직사광선과 바람에 취약한 커피나무를 보호하기 위해 농장에 커피가 아닌 다른 나무를 섞어 키우는 것이다. 이를 통해 커피나무에는 햇빛과 바람을 막을 덮개가 생기고, 철새들에게는 보금자리가 마련되며, 전체적인 생태계의 측면에서는 생물종의 다양성이 보호된다. 버드 프렌들리 인증은 스미소니언학회 철새연구소The Smithsonian Institution's Migratory Bird Center에서 받을 수 있다.

2-37 버드 프렌들리 인증마크

2-38 열대우림 인증마크

Tip

디카페인 커피

모든 커피에는 양의 차이만 있을 뿐 카페인이 들어 있다. 커피의 향과 맛을 즐기는 이들도 있지만 간혹 커피의 카페인에 있는 각성효과를 활용하기 위해 마시기도 한다. 하지만 카페인이 건강에 악영향을 미칠 수 있다는 평가를 받기도 함에 따라, 카페인 양을 줄이거나 없앤 디카페인 커피를 만든다. 커피의 카페인을 없애는 방법으로는 먼저 카페인 성분과 관련된 유전적 성질을 분석한 후 유전자 조작을 이용하여 만드는 방법이 있다. 그러나 유전자 조작의 위험성과 기타 이유에 의해 유전자 조작 방식의 디카페인 커피는 논란이 되고 있다. 일반적으로 디카페인 커피를 생산할 때는 스위스 워터 방식, 용매식, CO^2 방식이 사용된다. 모든 경우에서 3% 정도를 제외한 카페인을 제거할 수 있다.

2-39 스위스의 디카페인 커피 마대

스위스 워터 방식은 먼저 생두를 뜨거운 물에 담가 생두 안에 있는 모든 성분을 녹여낸다. 이때 모든 성분을 물에 녹여낸 생두는 버리고 생두의 성분이 녹아 있는 물을 활성탄 필터에 걸러 카페인만 제거한 후 새로운 생두를 물에 담근다. 이때에는 생두에 들어 있는 성분 중 카페인만 물에 녹게 된다. 카페인 성분만 제거된 생두는 물에서 건져내어 말린 후 디카페인 커피로 판매되고, 카페인이 녹아 있는 물은 활성탄 필터로 걸러 다음 공정에 사용한다.

2-40 독일의 디카페인 커피 마대

용매식은 직접용매 가공법과 간접용매 가공법으로 나뉜다. 직접용매 가공법은 증기를 이용하여 생두의 흡기공을 열고, 열린 흡기공을 통해 용매가 생두에 직접 흡수되어 생두 안에 들어 있는 카페인과 결합하게 하는 방법이다. 이후 증기를 계속 쐬면 용매와 함께 카페인이 빠져나온다. 간접용매 가공법은 스위스 워터 방식과 같이 생두를 뜨거운 물에 담가 카페인을 포함한 모든 성분을 녹여낸 후, 이 물에 용매를 사용하여 카페인을 제거한 다음 생두를 다시 물에 담가 카페인이 제거된 성분과 결합하게 하는 방법이다.

CO^2 방식은 액체상태, 고압의 이산화탄소에 생두를 담가 카페인을 제거하는 방식이다. 고압의 이산화탄소는 카페인과 잘 결합하기 때문에 이와 같은 방법이 사용된다.

단원 실습

예시

1) 주어진 생두에서 결점두를 찾아보자.

표 2-3 | 결점두의 예

Black bean	Sour bean	Fungus damage	Insect damage

Parchment	Pod	Immature Bean	Withered Bean

Broken Bean	Floater Bean	Shell	Foreign matter

2) 찾아낸 결점두가 커피의 맛에 주는 영향에 대해 알아보자 (표 2-2 참고)

CHAPTER 03

커피의 원산지

1_아메리카 대륙

2_예멘과 아프리카 대륙

3_아시아와 하와이

세계의 커피 생산 국가는 적도를 중심으로 '커피 벨트' 지역에 위치하고 있다. 커피 벨트에 위치한 생산지에서 재배되는 커피는 생산지의 기후, 토양, 고도, 품종, 가공방법 등에 따라 각기 독특한 특성을 지니게 된다. 커피의 발원지인 에티오피아가 있는 아프리카 지역, 세계 커피 생산의 약 60% 이상을 차지하는 중남미 지역, 한때는 로부스타의 재배가 많았던 동남아시아 지역 등 각 생산국에 대한 정보와 커피 특징에 대하여 알아보도록 한다.

1. 아메리카 대륙

1) 멕시코

멕시코Mexico는 주로 남부에서 커피를 재배하는데, 이 지방에서 꼽을 수 있는 곳으로는 베라크루즈Veracruz 주의 알투라 코아테펙Altura Coatepec, 알투라 오리자바Altura Orizaba, 알투라 후아투스코Altura Huatusco와 오악사카Oaxaca 주의 오악사카 플루마Oaxaca Pluma, 과테말라 접경지역의 치아파스Chiapas, 타파출라Tapachula가 있

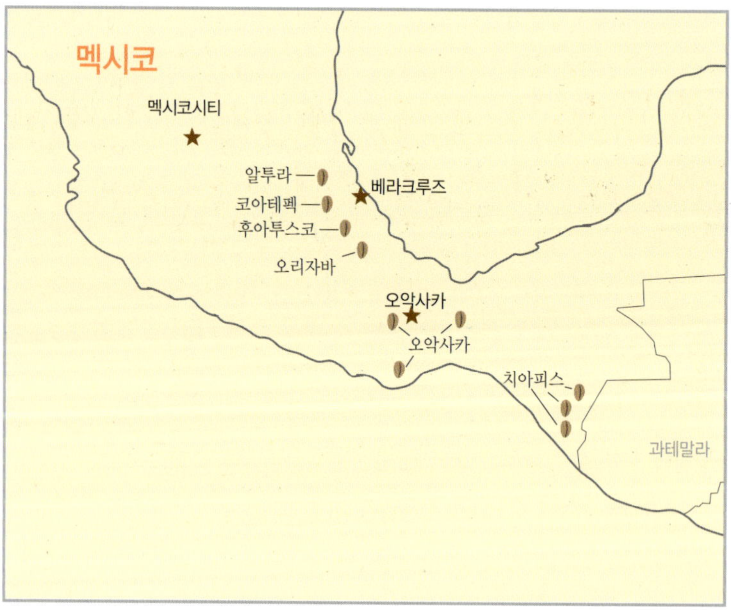

3-01 멕시코

다. 그중 치아파스에서 생산되는 것이 가장 품질이 좋고, 가장 높은 지대에서 재배된 커피이다. 일반적으로 고급 멕시코 커피는 균형 잡힌 바디감과 쾌활하고 쌉쌀한 맛, 상큼한 신맛을 보여준다. 멕시코는 여러 기관을 통해 화학비료나 제초제 등의 해로운 화학제품을 사용하지 않았다는 인증을 받은 유기농 인증 커피를 재배하는 원산지이기도 하다. 주로 버번과 문도노보, 카투라, 마라고지페의 품종이 재배되며 워시드 방법에 의해 가공된다. 재배지의 고도에 따라 Strictly Hard Grown(SHG), Hard Grown(HG)의 등급으로 구분해 유통되고 있다.

2) 과테말라

3-02 과테말라

과테말라Guatemala 안티구아Antigua의 지형은 화산분지로서 화산토의 영향으로 섬세하고 미묘한 느낌과 다각적인 산도를 지닌 독특한 커피가 생산된다. 반면 산으로 둘러싸여 있지 않아 습한 바다 바람에 노출되어 있는 코반Coban은 다양한 풍미와 부드러움을 지니고 있다. 1700년대 수도였던 안티구아는 화산으로 인한 토양의 특성으로 훈연향, 과일향, 초콜릿향과 풍부하고 묵직한 바디의 복잡함을 지닌다. 이와 함께 우에우에테낭고Huehuetenango, 산 마르코스San Marcos, 아티틀란Atitlan 등의 지역에서도 커피를 재배한다. 우에우에테낭고와 코반에서는 소규모 자작농들이 조합을 운영하며 커피를 생산하는데, 유기농 재배, 조류 보호, 셰이드 그로운shade-grown 등 환경적인 노력을 아끼지 않는다. 과테말라는 주로 버번과 타이피카, 마라고지페 종이 재배되고 있으며 워시드 가공 방법을 주로 사용하나 최근에는 향미의 특성을 위해 내추럴 방법을 선택하는 경우도 있다. 등급은 재배지의 고도에 따라 나누고 있으며 Strictly Hard Bean(SHB), Fancy Hard Bean(FHB), Hard Bean(HB)으로 표시된다.

3-03 엘살바도르와 중앙아메리카

3) 엘살바도르

엘살바도르Republic of El Salvador는 내전을 겪으면서 버번과 같은 전통 품종이 현대의 개량종으로 교체되는 과정을 겪지 않아 전통적인 품종들이 보존되어 있다. 따라서 과테말라나 코스타리카의 고품질 커피들에 비해 조금 부족하다는 평을 받기도 한다. 주로 버번을 재배하나 로스 아우솔레스Los Ausoles와 라린Larin 등의 지역에서는 마라고지페Maragogype와 파카스Pacas를 혼합한 파카마라Pacamara를 재배한다. 파카마라는 깊은 맛과 향으로 고급커피로 주목받고 있다. 엘살바도르 커피는 은은하게 활력을 더하는 산도와 초콜릿과 같은 단맛, 중간 정도의 바디와 함께 여러 맛이 어우러져 상당히 인상적이다. 등급 결정은 재배고도에 따르며 Strictly Hard Bean(SHB), Fancy Hard Bean(FHB), Hard Bean(HB)으로 표시된다.

4) 온두라스

온두라스honduras는 1998년 허리케인에 이어 홍수와 폭풍 같은 자연재해로 인한 피해로 커피 기반 시설이 빈약하여 커피산업이 주춤한 바 있다. 엘살바도르 국경 근처 온두라스의 마르깔라Marcala에서는 좋은 품질의 커피가 생산되고 있다. 온두라스 커피는 중간 정도의 바디와 캐러멜의 단맛을 지니고 있으면서 차분한 느낌을 주며 워시드 가공을 한다. 재배고도에 따른 등급을 사용하며 Strictly Hard Grown(SHG), Hard Grown(HG)으로 나타낸다.

5) 니카라과

니카라과Nicaragua 역시 허리케인과 내전의 영향으로 큰 피해를 입었던 역사를 지니고 있다. 가장 잘 알려진 재배지로는 히노테가Jinotega, 마타갈파Matagalpa, 세고비아Segovia가 있으며 대부분 셰이드 그로운 방식의 재배방법을 따르고 있다. 중앙 아메리카 커피 특유의 복잡성과 함께, 특별한 경우 원만하면서도 꽉 찬 초콜릿과 너트nut, 바닐라의 맛, 중간 정도의 신맛과 바디를 보여준다. 니카라과에서는 타이피카, 버번, 마라고지페를 재배하며, 그 외에도 다른 품종을 재배하기도 한다. 다른 지역의 토종 품종을 이식하여 독특한 커피를 생산한다. 한 예로 인도네시아의 자바섬에서 가져온 품종을 니카라과에서 재배함으로써 부드러운 질감의 바디와 복합적인 과일의 향미를 지닌 자바니카가 생산되고 있다. 높은 등급으로는 Strictly Hard Grown(SHG)이 있다.

6) 코스타리카

코스타리카Costa Rica의 중부지방인 타라주Tarrazu, 에레디아Herediá, 트레스 리오스Tres Rios, 볼칸 뽀아스Volcán Poás에서는 깨끗하면서도 균형 잡힌 커피를 생산한다. 코스타리카의 커피산업은 비교적 진보적이라는 평을 듣고 있는데, 카투라나 카투아이와 같은 아라비카 개량종을 재배하며 가공 중의 불쾌한 맛을 방지하기 위해 기술적으로 더 나은 습식가공 기술을 사용하고 있기 때문이다. 코스타리카는 깨끗한 산미와 균형 잡힌 단맛과 과일향이 나며 고급 커피에서는 중간 정도의 바디와 부드러운 질감을 보인다. 재배고도에 따라 Strictly Hard Bean(SHB), Fancy Hard Bean(FHB), Hard Bean(HB)으로 등급을 나타낸다.

7) 파나마

고급 파나마 커피는 코스타리카 국경에 인접한 파나마Panama 서부지방인 크리뀌Chiriqui 지역에서 생산된다. 바루Barú 화산을 중심으로 보께떼Boquete, 빠소 안초Paso Ancho, 볼깐Volcán, 삐에드라 데 깐델라Piedra de Candela, 레나시멘또Renacimiento 등의 원산지를 꼽을 수 있다. 화산 주변의 재배지들은 고도가 높고 토양이 화산성이며, 최첨단 습식가공 방식을 사용한다는 특징을 지니고 있다. 대부분의 경우 카투라와 카투아이를 재배한다. 많은 양은 아니지만 에티오피아에서 유래되어 중미에 전파된 롱베리 게이샤가 재배되고 있다. 파나마에서 재배되는 파나마 게이샤 종은 진한 과일향과 화려한 향미로 인기가 좋다. 가공방법은 주로 워시드 방법을 이용하나 허니 프로세스Honey Process 방법을 선택하여 단맛과 풍부한 바디감, 복합적인 향미를 지닌다. 재배고도에 따라 Strictly Hard Bean(SHB), Hard Bean(HB)로 표시된다.

8) 콜롬비아

3-04 콜롬비아

콜롬비아Colombia는 전 세계 커피 생산량에 있어 브라질 다음으로 꼽힌다. 커피산업을 조직적이고 계획적으로 운영하는 데 세계 최고라 내세울 수 있을 정도이다. 콜롬비아 커피연합을 통해 소농장의 재배농들에 대한 지원을 아끼지 않으며, 커피에 대한 산업적 · 사회적 기반이 단단하기로 유명하다. 가공한 커피를 한곳에 집결시켜 엄격한 국가규격을 통과한 커피는 원산지 표기를 하지 않고 등급 표시만 할 정도로 평준화되어 있다. 간혹 콜롬비아에서 재배된 커피임에도 원산지 이름이나 시장 이름으로 분류된 경우도 있는데, 이는 개인 소유의 농장에서 생산된 것이거나 콜롬비아 커피연합에서 새로 개발한 고급 커피일 가능성이 높다. 이런 경우 대부분 전통적 품종인 버번이나 타이피카로 생산된 것으로, 일반적인 콜롬비아 커피에 비해 강한 개성을 지니고 있다. 콜롬비아의 주요 재배지역으로는 중앙 산악지역인 마니살레스Manizales, 아르메니아Armenia, 메델린Medellin, 남동부의 나리뇨Nariño, 포파얀Popayán, 우일라Huila가 있다. 재배품종은 카투라종과 바리에다 콜롬비아, 버번과 타이피카종이 재배되고 있다. 콜롬비아 커피는 중간 정도의 바디감에 균형 잡힌 부드러움을 가지고 있으나, 뚜렷한 향미가 나타나지 않고 절제된 듯한 향을 지니고 있다. 생두의 등급은 콩의 크기에 따라 스크린 사이즈 17 이상의 콩은 수프레모Supremo, 14~16 스크린 사이즈 콩은 엑셀소Excelso로 분류한다.

9) 브라질

3-05 브라질

브라질Brazil은 세계 커피 생산국 중 생산량이 가장 많은 나라이다. 또한 가장 저렴한 커피에서부터 훌륭한 커피에 이르기까지 대량생산 체제를 갖추고 있다. 최상의 커피는 주로 세 곳에서 나온다. 상파울루 경계의 모지아나Mogiana와 상파울루 북동쪽의 미나스 제라이스Minas Gerais, 남부에 위치한 술 데 미나스Sul de Minas, 파트로치니오를 중심으로 하는 세라도Cerrado로 이 지역은 건조하고 맑은 날씨로 커피를 재배하기 적합하여 양질의 커피가 생산되고 있다. 브라질의 재배고도는 600~1,200m로, 비교적 낮은 편에 속한다. 브라질은 '파젠다'라고 부르는 대규모 농원에서 기계 수확을 하거나 스트리핑의 방법을 이용하여 수확하는데, 이는 품질에 영향을 주는 원인이 되고 있다. 내추럴, 펄프드내추럴, 세미워시드, 워시드의 4가지 방법으로 가공하고 있으나, 내추럴 방법에서 펄프드내추럴 방법으로 전환함으로써 품질의 향상을 기하고 있다. 재배품종으로는 버번종과 문도노보종, 카투아이종이 있다. 내추럴과 펄프드내추럴 가공 커피는 풍부한 바디를 부여주며 비교적 가볍고 부드러운 맛에 지역적 특성에 따라 과일향과 꽃향을 더하기도 한다. Classificacao Official Brazileira(브라질 공식 등급분류)에 따른 생두의 분류기준은 결점두의 수에 따라 Type 2~8로 나누며, Extra Prime은 Type 2/3 N.Y.(300g당 4~11개의 결점두), Prime은 Type 3/4 N.Y.(300g당 12~25개의 결점두)로 표시한다.

2. 예멘과 아프리카 대륙

1) 예멘

3-06 예멘

아라비아에 위치한 예멘Yemen은 세계에서 가장 전통적인 커피인 '모카'Mocha, Moka, Moca, Mocca커피가 재배되는 곳이다. '모카'는 처음으로 커피가 수송된 항구이기도 하며 현재는 커피용어의 하나로 예멘이나 에티오피아 커피에 사용된다. 지붕 위에서 커피를 말린 후 전통적인 방식인 맷돌을 사용하여 껍질을 벗겨내므로 콩의 모양이 일정하지 않다. 예멘의 가장 유명한 마타리Mattari는 사나Sana'a의 서쪽에 있는 산 바니 마타Bani Mattar에서 재배되며, 그 옆의 산에서는 히라지Hirazi가 생산된다. 다양한 표현으로 사용되고 있는 모카Mocha/Moka/Moca/Mocca 역시 예멘의 산에서 재배된다. 예멘 커피는 동부 에티오피아의 하라 커피와 특징이나 모양이 유사한 점이 있으나 더 묵직하며 짙은 초콜릿향, 과일의 향과 맛이 난다. 등급은 결점두에 따라 나뉜다.

2) 에티오피아

3-07 에티오피아

커피의 발원지인 에티오피아Ethiopia는 아라비카의 원산지로 알려졌으며 고지대의 평원에서 자라지만 야생 커피를 수확하기도 한다. 커피 문화가 풍부한 나라로 커피를 직접 로스팅하고, 갈고 끓여서 손님에게 대접하는 의식이 있다. 에티오피아의 주요 산지는 이르가체페Yirgacheffe, 하라Harrar, 시다모Sidamo, 리무Limu 등이 있다.

에티오피아 커피는 세계에서 가장

독특하고 다양한 커피 중의 하나이며 다양한 과일 풍미와 다채로운 꽃향, 화려한 산미로 세련되고 섬세함을 지니고 있다. 결점두 수에 따라 300g당 0~3개는 G1, 4~12개는 G2, 13~25개는 G3, 20~45개는 G4로 분류하고 있다.

3) 케냐

케냐Kenya의 커피는 1900년대 영국에 의해 도입되어 재배되었다. 독립 이후 그들만의 커피산업을 구축하며 진보된 기술을 도입하고 효과적인 조합을 운영하며, 수출을 위한 경매 시스템을 구축했다. 특히 이 경매 조직은 정부 주도로 운영되며, 간단하고 투명한 시스템은 질 좋은 커피가 더 높은 가격으로 판매될 수 있도록 장려하는 역할을 한다. 케냐 커피는 주로 케냐산의 경사면부터 수노인 나이로비Nairobi에 이르기까지 넓은 지역에서 생산된다. 품종은 버번 계통의 SL28, SL34가 재배되고 있으며 워시드 가공을 한다. 케냐 커피는 열대과일의 상큼한 신맛과 쓴맛의 균형, 묵직한 바디를 지니고 있다. 생두의 크기에 따라 등급을 분류하며 스크린 사이즈 17~18은 AA, 15~16은 AB, 피베리(PB)로 나타낸다.

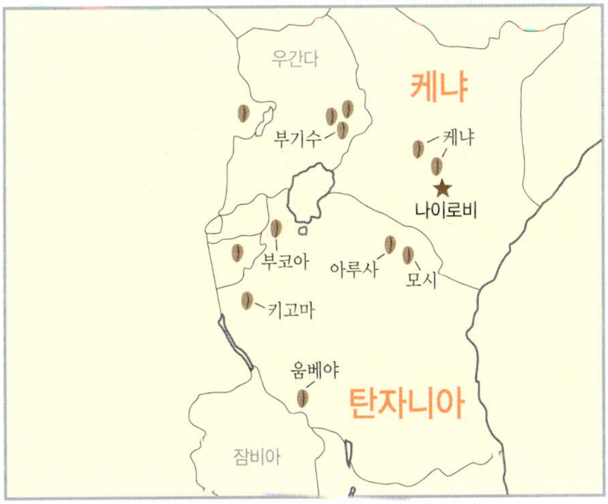

3-08 케냐, 탄자니아

4) 탄자니아

대부분의 탄자니아Tanzania 커피는 케냐 국경에 인접한 메루Meru 산과 킬리만자로Kilimanjaro 산 경계에서 생산된다 또한 탄자니아의 남부에 있는 음베야Mbeya와 북부의 부코바Bukoba 근방에서도 커피가 생산된다. 킬리만자로 산 커피는 킬리만자로Kilimanjaro, 모시Moshi, 메루 산 커피는 아루사Arusha로 표시된다. 탄자니아 커피는 과일향과 와인의 신맛을 느낄 수 있다. 주로 워시드 가공을 하고 있으며, 생두의 크기에 따라 AA, A로 분류하고 있다.

3. 아시아와 하와이

1) 인도

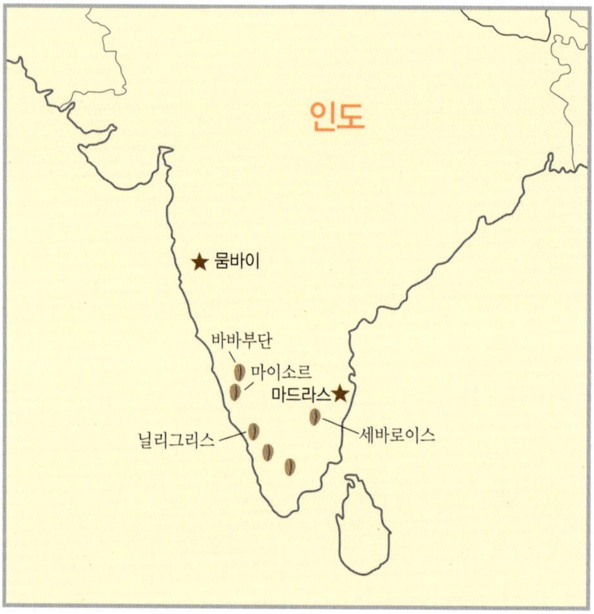

3-09 인도

인도India에 최초로 커피가 들어온 것은 1600년대이며 수출을 위해 재배하기 시작한 것은 1840년대 영국에 의해서이다. 현재 인도는 브라질, 콜롬비아, 멕시코, 에티오피아에 이어 다섯 번째로 많은 커피 생산량을 기록하고 있다. 대부분이 국내에서 소비됐으나 최근 들어 고급 품질의 인도 커피가 소개되고 있다. 인도의 주요 재배지역은 주로 남부에 위치해 있으며, 그중 고지대인 바바 부단Baba Budan, 닐리그리스Niligris, 세바로이스Shevaroys에서 가장 좋은 품질의 커피가 생산된다. 이 농장들에서는 커피를 향신료 작물 근처에서 재배하고, 가공 · 저장하기 때문에 독특한 특성을 지니고 있다. 달콤하고 톡 쏘는 느낌과 함께 초콜릿 같은 특징을 갖고 있으나 생동감이 부족하다. 인도 커피의 달콤함과 꽉 찬 듯한 바디는 블렌딩에 많이 사용된다. 가공은 주로 워시드 방법을 사용하며, 플랜테이션 Plantation A가 가장 높은 등급이다.

인도에서 가장 유명한 커피는 몬순드 말라바Monsooned Malaba이다. 이 커피는 몬순 계절풍의 습기를 이용하여 말린다. 녹색의 콩이 노란색으로 변하며 신맛이 적어지며 무겁고 깊은 맛의 바디와 달콤함과 함께 특유의 풍미를 지닌다.

2) 인도네시아

3-10 인도네시아

인도네시아Indonesia의 커피는 수마트라Sumatra, 술라웨시Sulawesi, 자바Java 섬에서 재배된다. 린통Lintong과 만델링Mandheling은 수마트라 섬 북부에서 생산된다. 린통은 토바Toba 호수의 남서쪽 지역에서 재배되며, 만델링은 토바 호수의 북부인 디아리Diari에서 재배된다. 이 둘 다음으로는 아체Aceh 커피를 꼽을 수 있다. 아체 커피는 타와Tawar 호수와 타켕곤Takengon 도시를 둘러싼 산에서 재배되며, 모두 화학제품 없이 그늘 아래에서 자란다. 술라웨시의 커피는 대부분 섬의 남서부 산악지대에서 재배된다. 이곳에서 생산된 커피로는 원주민의 이름을 딴 토라자Toraja와 지역 시장 도시의 이름을 딴 칼로시Kalossi가 있다. 자바 섬의 커피는 18세기 초 독일에 의해 들어왔다. 녹병에 의해 커피산업이 황폐화된 후 주로 로부스타를 새로 심었지만, 이후 동부의 산지에서 아라비카를 다시 심었다. 인도네시아는 타이피카와 카투라, 카티모르의 아라비카종과 로부스타를 재배 생산하며 내추럴과 수마트라식, 세미워시드 방법으로 가공한다. 묵직한 바디와 낮은 산도, 흙과 익은 과일향, 달콤한 초콜릿까지 넓은 영역의 맛을 낸다. 결점두에 의해 분류가 되며 G1~G6로 나타낸다.

세계에 널리 알려진 인도네시아 코피 루왁 Kopi Luwak은 사향고양이가 잘 익은 커피 열매를 먹은 후 배설하면 얻을 수 있는 커피다. 사향고양이의 소화기관을 거치면서 독특한 향과 맛을 지니게 되며 희소성 때문에 고가로 거래된다.

3) 파푸아뉴기니

3-11 파푸아뉴기니

파푸아뉴기니Papua New Guinea에는 뉴기니섬의 하겐Hagen산 서쪽 고지대에서 생산된 시그리Sigri와 아루스파Arusfa, 동부 고지대에서 생산된 아로나Arona가 있다. 서부의 고지대 지역 시그리Sigri의 작은 농장에서 재배된 커피들은 기본적으로 유기농 인증을 받으며, 가공처리에도 많은 노력을 기울인 제품이다. 이 커피들은 워시드 가공으로 부드러운 향미와 화려함을 지니고 있다. 버번, 타이피카, 문도노보, 카투라 품종이 94% 재배되고 있고, 로부스타가 6% 정도 재배되고 있다. 크기에 따라 AA, A로 분류한다.

4) 하와이

전 세계적인 명성을 지니고 있는 코나Kona는 하와이Hawaii의 남서쪽 해안에 위치한 후알라라이Hualalai 산과 마누아 로아Mauna Loa의 낮은 경사면 위에서 생산된다. 이 지역은 자연적으로 형성되는 구름 그늘과 규칙적인 강우량, 높은 기온, 다공질의 토양까지 좋은 커피를 재배하기에 적당하다. 하와이에서는 농장을 커피 산업의 용도로만이 아니라 관광산업과 병행하고 있기 때문에 커피 소비자들이 직접 농장을 방문하거나 헬리콥터 관광으로 농장을 둘러볼 수 있는 프로그램도 운영되고 있다. 하와이의 섬 중 코나Kona 이외의 지역에서 커피를 재배하는 장소로는 마우이Maui, 몰라카이Molakai, 카우아이Ka'uai 섬이 있다. 주로 타이피카 품종이 재배되며 워시드 가공이 이루어진다. 분류 기준은 생두의 크기와 결점두의 수에 따른다. 스크린 사이즈 19, 결점두 10개 이내의 경우, 최고 등급인 코나 엑스트라 팬시Kona Extra Fancy로 분류하고, 스크린 사이즈 18, 결점두 16개 이내는 코나 팬시Kona Fancy로 분류한다.

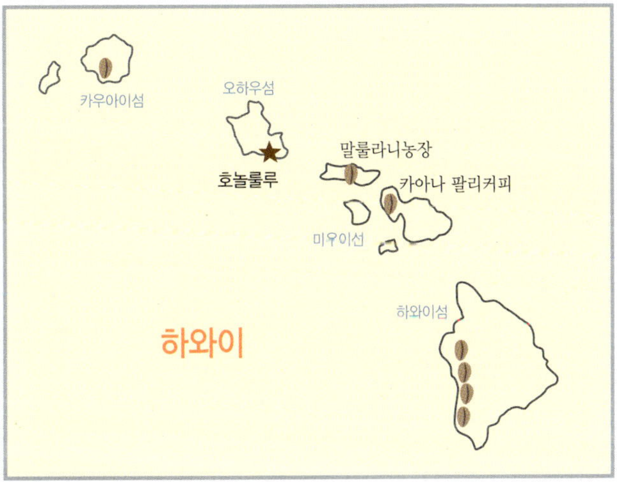

3-12 하와이

CHAPTER 04

로스팅과 블렌딩

로스팅은 생두가 가진 2,000종의 구성물질 속에서 풍미를 나타내는 700~850종의 향미 성분들을 이끌어내는 과정이다. 이 과정은 생두에 열을 가하여 건조시키고 단단한 조직을 최대한으로 팽창시켜 커피의 특징인 향미를 이끌어내는 것이다.

1. 로스팅의 발전

커피 발원지에서 커피 열매를 볶아서 먹으면 맛이 좋다는 사실을 알게 되면서 커피 로스팅이 시작되었다. 로스팅은 이슬람권에서는 키쉬르kisher, qishr 문화로서 수도원을 중심으로 하나의 문화적인 행사가 되었다. 유럽으로 로스팅이 전파된 이후 17~18세기에 이르기까지 커피의 소비는 늘었지만 로스팅 방법은 여전히 불 위에서 냄비나 구형의 금속기구에 넣어 잘 뒤섞으며 볶는 방식이 고수되었다.

하지만 산업혁명 이후 대량생산과 대량소비 체제가 도입되면서 로스팅 기술에도 변혁이 일어났다. 지금까지 개인적인 차원, 혹은 한 가정의 규모에서 행해지던 로스팅이 공장급의 규모에서 이루어지고, 이에 따라 대량생산에 적합한 로스팅 기술이 개발되었다. 이때의 로스팅 기술을 대표하는 것으로 사출식pull-out 로스팅 기술을 꼽을 수 있다. 이와 함께 19~20세기에 이르러 개발된 전기에 의해 소형의 유동식 로스터가 개발되었으며, 나아가 현대의 마이크로웨이브 로스팅(전자레인지 로스팅)에 이르게 되었다. 하지만 여전히 생두에 불을 직접 쏘이는 직화식, 또는 직화와 열풍을 동시에 이용하는 반열풍식 로스터도 사용되고 있다. 과거에는 로스팅을 하는 전문가의 감각에만 의존할 수밖에 없던 부분들이 현대식의 측정 도구를 이용함으로써 더욱 정밀하고 균일한 로스팅이 가능하게 되었다.

2. 로스팅 과정

로스팅 머신을 이용하여 생두에 열을 가하면 생두의 내부 온도가 올라가고, 수분이 생두에서 빠져나간다. 이 과정을 지나며 녹색의 생두는 밝은 갈색에서 점점 어두운 갈색으로 변하며 팽창한다. 색상이 변화한 정도에 따라 로스팅의 정도가 정해지고 볶아진 생두(원두)를 꺼내 빠르게 냉각하면 로스팅의 모든 과정이 끝난다.

로스팅이 진행되며 나타나는 현상은 생두의 색과 표면의 모양, 로스팅 중에 나는 연기의 향과 색 등에 따라 8단계로 구분할 수 있다.

단계 1 생두가 녹색green에서 노란색yellow으로 변한다. 생두 특유의 풋내가 서서히 줄어들고 달콤한 향(로스팅 머신의 확인봉을 뽑아 맡았을 때의 향)이 나기 시작한다.

단계 2 생두가 노란색yellow에서 밝은 갈색light brown으로 변하며, 생두의 크기가 로스팅하는 과정 중 가장 작은 상태가 된다. 이 과정까지는 생두에 투입되는 열이 흡수되는 '흡열' 반응이 최고조에 이른다. 로스팅 연기가 조금씩 나오며, 빵 굽는 향이 나다가 커피향이 나기 시작한다.

단계 3 생두의 색이 밝은 갈색으로 유지되며 생두의 크기가 팽창하기 시작한다. 생두가 팽창하는 과정에서 터지는 소리가 나기 시작한다. 이를 '1차 크랙'first crack이라 하며, 생두가 열을 내부로 흡수함에 따라 로스터 내부의 온도가 완만하게 오르던 흡열 반응의 과정이 끝나고, 반대로 받아들였던 열을 발산하는 '발열' 반응이 시작된다. 로스팅 중인 생두가 지닌 특유의 성질을 보여주는 향이 난다.

단계 4 생두가 밝은 갈색에서 중간 정도의 갈색medium brown이 되며 터지는 소리는 절정에 이르며 향이 구수해진다.

단계 5 생두가 갈색brown을 띠며, 터지는 소리가 서서히 줄어든다. 달고 짙은 향이 나며, 연기의 색 역시 짙어진다. 이 시점부터는 음료로 마시기에 적합한 상태의 원두라고 할 수 있다.

단계 6 원두(아직 로스팅이 끝나지 않았지만 가공 후 음용이 가능한 상태이기 때문에 원두라 명명)의 색이 보통의 갈색에서 어두운 갈색dark brown으로 변하기 시작한다. 1차 크

4-01 생두에서 다크까지

랙에서 나타났던 터지는 소리보다 낮은 톤의 둔탁한 소리가 나기 시작한다. 이 시점부터 '2차 크랙'이라 한다. 달고 짙은 커피향이 난다.

단계 7 원두는 어두운 갈색을 띠고, 터지는 소리가 균일해진다. 로스팅 연기가 더욱 짙어지며, 커피 특유의 향이 난다.

단계 8 터지는 소리가 서서히 사라진다. 원두의 표면에 오일이 나타나며, 짙고 달콤한 향이 난다. 이 단계가 지속되는 경우 원두가 탈 위험이 있다.

3. 생두의 변화

로스팅 과정이 진행됨에 따라 생두에 열에너지가 가해지고 물리적으로는 색상과 무게, 부피, 모양 등의 변화가 일어나며 화학적으로는 생두가 지닌 성분들이 변화한다. 이러한 변화를 거치며 생두는 향미 성분을 분출한다.

1) 물리적 변화

로스팅이 진행되면 생두가 함유한 수분이 증발하고 실버스킨이 분리되어 질량의 변화가 일어난다. 또한 단단하던 생두의 구조가 에너지를 받아 팽창하고 형태가 변화하여 부피의 변화가 일어난다.

(1) 질량의 변화

4-02 다공질의 원두 단면도

생두의 수분함유율은 8~15%로, 로스팅 과정에서 생두의 내부로 열이 전달됨에 있어 중요한 역할을 한다. 로스팅 후에는 수분함유율이 0.5% 이하로 줄어든다. 로스팅이 진행되면 외부적으로는 생두의 표면에 붙어 있던 실버스킨이 분리되고, 내부적으로는 생두가 지니고 있던 휘발 성분들이 기화된다. 또한 이산화탄소, 일산화탄소, 질소 등의 기체들이 외부로 분출된다. 이처럼 수분함량 감소, 실버스킨 분리, 휘발 성분의 기화(이후 분출)로 인하여 원두의 질량은 생두와 비교했을 때 로스팅 정도에 따라 12~20% 정도 감소한다.

(2) 부피의 변화

생두에 열이 가해지면 생두가 지니고 있던 수분이 증발하여 생두의 표면에 주름이 생기고 부피가 작아진다. 계속 로스팅이 진행되면서 내부의 구조는 다공질로 변화하고 조밀하던 조직이 팽창하여 부피가 증가한다. 부피의 증가는 로스팅 정도에 따라 다르게 나타난다.

2) 화학적 변화

로스팅 과정에서 열에너지를 받은 생두 내부에서는 질량, 부피의 물리적 변화와 함께 생두 성분들의 화학적 변화도 발생한다. 이러한 변화는 생두의 색상, 맛과 향의 변화에 영향을 준다.

(1) 색상의 변화

생두의 색상 변화는 열에 의한 갈변화와 연관이 있다. 갈변화 반응은 메일라드 반응maillard reaction과 캐러멜화caramelization로 나뉘며, 이를 통해 녹색의 생두가 짙은 갈색의 원두로 바뀌는 것이다.

녹색의 생두는 로스팅이 시작된 후 노란색으로 변하고, 그다음에는 옅은 갈색, 밝은 갈색, 중간 정도의 갈색, 어두운 갈색, 마지막으로 검은색에 가까울 정도로 매우 어두운 갈색으로 변한다. 이러한 색상 변화를 이용하여 로스팅 정도를 나타내는 기준으로 삼기도 한다.

① 메일라드 반응

메일라드 반응은 거의 모든 식품류에서 자연 발생하는 현상으로, 커피의 경우에는 생두의 성분 중 10~13% 정도를 차지하는 단백질이 당류와 결합하여 갈색의 물질로 변화하는 과정을 말한다. 이 반응으로 원두가 갈색으로 변하게 한다.

② 캐러멜화

당류를 가열하면 가열산화물 및 가열분해물과 같이 갈색의 물질이 생성되는데, 이 물질은 수용성이기 때문에 메일라드 반응의 경우와 마찬가지로 색상 변화와 함께 맛과 향에도 영향을 준다.

(2) 맛과 향의 변화

생두에 함유된 성분들은 열에너지에 의해 변화하며 커피의 맛과 향도 변한다. 맛과 향의 변화는 로스팅의 진행 과정 동안 생두의 색상 변화와 비교해볼 수 있다.

4-03 색상 변화

생두가 녹색일 때 나는 풋내와 매콤한 냄새는 노란색으로 변하면서 빵 굽는 향, 캐러멜 향과 같이 달콤한 향으로 변한다. 생두가 밝은 갈색에서 짙은 갈색으로 변해가는 동안에는 날카로운 신 향이 난다. 1차 크랙이 진행되는 도중에는 로스팅하는 커피에 따라 특징적인 향을 느낄 수 있다. 1차 크랙이 끝난 후에는 달고 짙은 향이 나는데, 이때 로스팅을 멈추면 신맛이 강한 커피를 맛볼 수 있다. 2차 크랙이 시작되는 시점에는 달고 진한 커피향이 나고, 이때 로스팅을 끝낸 커피에서는 달콤하면서 신맛을 느낄 수 있다. 2차 크랙의 절정에는 커피향이 더욱 짙어지며, 이 시점에서 로스팅을 멈추면 신맛이 적고 달콤하며 균형이 잡힌 커피가 만들어진다. 2차 크랙의 절정이 지난 후에는 탄 맛과 단조로운 맛이 나는 커피가 된다.

4. 로스팅 방식

로스팅 방식은 로스팅 머신 내부에서 열이 로스팅 드럼으로 전달되는 방식을 기준으로 분류할 수 있다. 현재까지 여러 방식의 로스팅이 시도되어 왔고, 다양한 방법이 있지만, 여기에서는 가장 대표적인 방식 세 가지를 살펴본다.

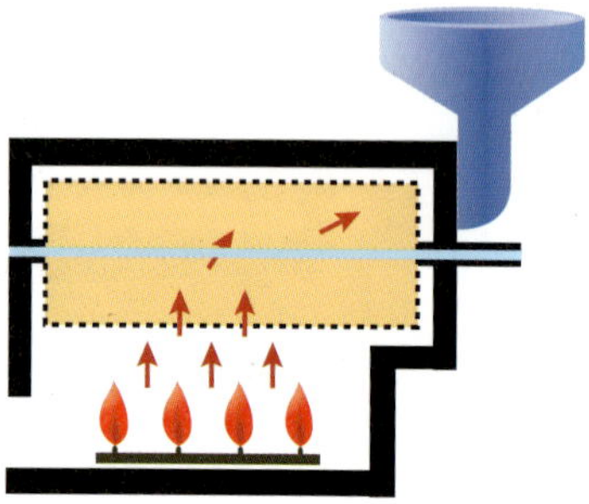

4-04 직화식

1) 직화식

직화식 로스팅 머신에는 일정하게 구멍이 뚫려 있는 드럼이 설치되어 있어 생두에 화기가 직접 닿는다. 직화식의 로스팅 머신으로 로스팅하면 커피의 향미가 뚜렷하여 개성이 강해진다. 하지만 고른 팽창을 유도하는 기술이 다소 어렵기 때문에 로스팅이 고르지 못할 수 있다. 또한 열이 직접 전달되므로 원두가 쉽게 탈 위험이 있다.

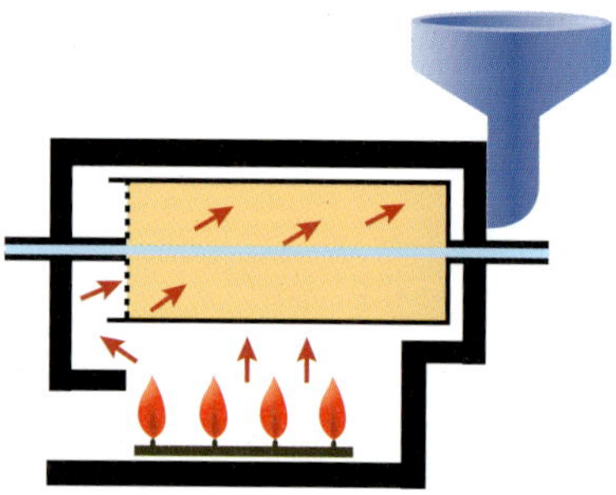

4-05 반열풍식

2) 반열풍식

반열풍식 로스팅 머신의 드럼은 직화와 달리 여러 개의 구멍이 뚫려 있지 않고 드럼의 뒤쪽에 구멍이 나 있다. 열원이 드럼 자체에 열을 가하면서 드럼 내부의 공기가 뜨거워지고, 동시에 드럼 외부의 공기도 뜨거워진 후 뚫려 있는 드럼의 뒤쪽으로 흘러들어 간다. 하나의 열원을 이용하여 직접적인 가열과 열풍을 통한 가열이 이루어지는 방식이다. 직화식에 비해 로스팅이 안정적이며, 생두의 팽창 역시 고르다. 부드러운 향미를 만들 수 있지만 뚜렷한 개성을 기대하기는 어렵다.

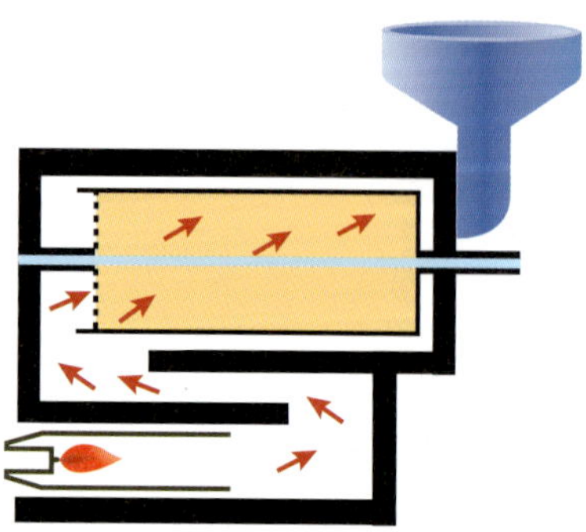

4-06 열풍식

3) 열풍식

열풍식 로스팅 머신에는 반열풍식에서와 같이 뒤쪽이 뚫려 있는 드럼이 설치되어 있다. 하지만 열원은 드럼과 떨어져 있어 직접적인 가열이 불가능하다. 열원에 의해 뜨거워진 공기가 드럼의 뒤쪽으로 흘러들어 가 로스팅이 이루어지는 방식으로, 균일한 로스팅이 가능하여 대량생산을 위한 대형 로스팅 머신에 주로 사용된다.

5. 로스팅 정도

로스팅 정도에 사용되는 명칭은 국가나 지역에 따라 서로 다른 경우가 많았으나, 현재는 미국 스페셜티커피협회(SCAA : Specailty Coffee Association of America)에서 규정한 색도色度 구분을 많이 사용한다. 구분을 위해 사용되는 색은 애그트론Agtron 사의 색도계를 이용하여 분류한 것으로, #95부터 #25까지 총 여덟 개의 등급으로 나뉜다. 각 등급 간의 간격은 10으로, #95에 가까울수록 밝은 로스팅, #25에 가까울수록 어두운 로스팅 정도를 나타낸다. 이를 Agtron/SCAA 로스트 등급분류 색판 시스템이라 한다.

표 4-1 | SCAA 기준 색도

커피의 색	Agtron	일반적 이름	콩의 표면적 특징
 very light brown	#95	Light	1차 크랙이 일어나고 콩의 표면은 마른 상태
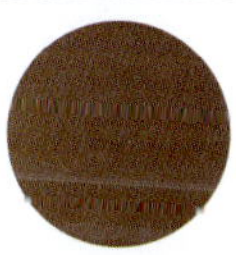 light brown	#85	Cinnamon	
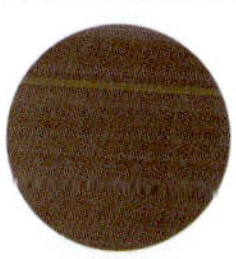 moderately light brown	#75	Medium	콩의 표면은 마른 상태
 light medium	#65	High/regular	

커피의 색	Agtron	일반적 이름	콩의 표면적 특징
medium brown	#55	City/american	2차 크랙이 일어나며 콩의 표 은 마른 상태에서 오일이 보이 시작
moderately dark brown	#45	Full City/viennese	
dark brown	#35	French	콩의 표면은 반짝임
very dark brown	#25	Italian	

6. 로스팅 실습

전문적인 로스팅 머신을 이용하기 이전에 수망手網을 이용하여 로스팅 과정을 실습해 보자. 로스팅을 시작하기 전에 필수적으로 해야 하는 생두 선별에 대해 알아보고, 또한 수망 로스팅 과정 중에 일어나는 생두의 물리적 · 화학적 변화를 관찰하여 기록한다. 이후 전문적인 로스팅에 사용되는 머신의 각 부분과 사용방법을 알아본다.

1) 로스팅 전 생두 선별

커피의 맛은 70% 이상 생두의 품질에 의해 좌우된다. 생두의 품질은 가공과정, 수확 후 보관 연한, 보관과정 등에 따라 달라진다. 가공과정에서 워시드 방식의 경우에는 생두가 청록색이나 녹색을 띠고, 내추럴 방식의 경우에는 생두가 녹색이나 황색을 띠고 달콤한 과일향이 난다.

생두 수확 후 보관 연한에 따라 수확 후 1년 이내는 뉴 크롭new crop, 1년 이상 2년 이내는 올드 크롭old crop, 패스트 크롭past crop으로 나눌 수 있다. 수확한 시기와 가까울수록 신선하고 개성 있는 향미를 지니며, 시간이 지나면서 건초냄새가 많이 나고 산미가 사라지며 전체적인 향미가 없는 생두로 변해간다. 색상 역시 청록색에서 녹색, 노란색으로 변한다.

로스팅 전에 생두를 확인하고 선별하는 과정에서 필수적인 사항은 결점두defect bean를 골라내는 일이다. 생두에 결점두가 섞이면 커피의 향미에 부정적인 영향을 미친다. 결점두는 재배 · 가공 · 보관에 이르는 모든 과정에서 발생되며, 그 종류에는 블랙빈black bean, 발효된 생두sour bean, 곰팡이 핀 생두fungus infected bean, 벌레 먹은 생두insect damaged bean, 미성숙두immature(Unripen) 등 여러 종류가 있다.

2) 수망(手網)로스팅

수망 로스팅은 로스팅 과정을 쉽게 체험할 수 있는 직화식 방법으로, 생두의 변화과정인 색, 향, 모양의 변화를 쉽게 관찰할 수 있다. 수망의 선택에 있어서는 생두의 양이 수망에 적절히 담겨 생두의 움직임이 원활하게 이루어질 수 있는 크기로 선택하도록 한다.

수망 로스팅 시에는 수망과 열원의 간격을 적절히 조절하고, 생두에 화력이 고르게 전달되도록 잘 흔들어 주어야 일정한 로스팅이 가능하다. 또한 로스팅이 끝나면 빠르게 냉각하여 원하는 로스팅 정도에 이르도록 한다.

표 4-2 | 수망 로스팅 과정

과정	단계
 	• 약한 불로 로스팅을 시작 • 불과 수망은 15~20cm의 높이가 되도록 유지하며 콩이 타지 않도록 계속 수망 흔들기
 	• 생두의 색상이 노랗게 변하면 화력을 최대한으로 올리기 • 계속 수망 흔들기
	• 8~10분이 되면 1차 크랙 소리가 시작되고 은피(실버스킨)가 많이 날리고 연기가 나기 시작 • 콩이 타지 않도록 계속해서 수망 흔들기 • 크랙 소리가 줄어들면 화력 줄이기 • 15~20분이 되면 2차 크랙소리 발생 • 원하는 로스팅 정도가 되면 로스팅 멈추기
	• 로스팅이 끝나면 빠르게 냉각 • 차가운 바람을 이용하거나 물을 분무하여 냉각하기

3) 로스팅 머신의 이해

- 호퍼 : 생두를 담아 놓는 곳
- 확인봉 : 로스팅 진행 상황을 체크하는 봉
- 점화스위치 : 버너에 불을 붙이는 장치
- 가스압력계 : 공급되는 가스압력을 나타내는 장치
- 배기댐퍼 : 드럼 내부의 공기흐름과 열량을 조절하는 장치
- 커피 배출구 : 드럼의 콩이 배출되는 곳
- 냉각통 : 로스팅된 원두를 식히는 통

4-07 로스팅 머신

역할과 사용방법

① 본체 스위치를 켜면 본체와 냉각 팬 모터가 회전한다.

② 점화 확인 후 가스밸브를 열어 버너에 점화한다(점화 확인 후 점화스위치를 끈다).

③ 배기댐퍼를 1/3 열어 약 5분간 중간 불로 본체를 예열한다.

④ 호퍼에 생두를 투입한다.

⑤ 온도가 200℃가 되면 생두를 실린더 안에 투입하고 배기댐퍼를 1/2로 하고 화력을 조절해 준다.

⑥ 콩의 온도 상승에 맞춰 배기댐퍼를 서서히 열어준다.

⑦ 확인봉으로 로스팅 진행 정도에 맞춰 콩의 상태를 확인한다.

⑧ 원하는 색이 되기 직전에 가스를 끈다.

⑨ 원하는 색이 되면 냉각통의 뚜껑을 열어 콩을 실린더에서 꺼낸다.

⑩ 콩이 완전히 냉각되면 냉각통에서 빼준다.

로스팅 실습일지

로스팅 일 자	투입량/ 산출량	생두 정보					로스팅 정 도
		원산지	품종	가공방법	수확년수	수분함량	

로스팅 시 작	화력조절	1차크랙 시 작	1차크랙 종 료	2차크랙 시 작	종료시간	소요시간	비 고 (냉각방식)
시 간	분 초	분 초	분 초	분 초	분 초	분 초	분 초
색상 변화							
모양 변화							
향의 변화							

1) Agtron 색판을 이용하여 로스팅 정도를 확인한다.
로스팅된 원두를 분쇄하여 페트리 접시 petri dish에 남은 후 색판과 대조하여 로스팅 정도를 확인한다.

2) 추출 후 향미 평가를 한다.

7. 블렌딩

블렌딩은 새로운 맛과 향을 지닌 커피를 만들어내고자 생두나 원두를 배합하는 것을 말한다. 블렌딩을 할 때는 서로 다른 원산지의 커피들을 배합하는 경우에서부터 동일한 원산지의 커피들, 가공방식, 로스팅 정도 등 여러 방식으로 조합이 만들어진다. 블렌딩을 하는 목적은 새로우면서도 만족스러운 맛과 향을 만들어내기 위함이며, 나아가 특정한 문화권이나 지역의 취향에 적합한 맛을 만들어내기 위한 것처럼 특수한 경우도 있다.

1) 블렌딩 시 원산지에 따른 커피의 역할

블렌딩을 시작하기 전에 각 원산지의 커피들이 지닌 개성적인 맛과 향에 대해 숙지하고 블렌딩된 상태에서 어떤 역할을 하는지 이해할 필요가 있다.

(1) 아프리카 에티오피아의 하라, 이가체프, 시다모와 케냐, 짐바브웨의 커피들은 강렬한 꽃 향과 과일 향, 과일이나 와인에서 느낄 수 있는 신맛을 지니고 있다. 이러한 특징들로 인해 이 커피들은 다른 커피들과 블렌딩되어 아로마와 신맛을 북돋는 역할을 한다.

(2) 중남미의 커피들은 역할에 따라 크게 둘로 나눌 수 있다. 먼저 멕시코, 브라질, 엘살바도르, 페루의 커피들은 묵직한 바디감보다는 중간 정도의 바디감과 기분 좋은 신맛을 주는 역할을 한다. 풀시티full city 이상의 로스팅 정도로 에스프레소 블렌딩에 사용하는 경우 달콤함과 초콜릿 맛을 추가할 수 있다. 이들과 달리 코스타리카, 콜롬비아, 과테말라의 커피들은 깔끔한 신맛과 바디감, 부드러운 풍미를 보여주기 때문에 다른 커피들과 블렌딩하면 부드러움과 훌륭한 아로마, 밝은 신맛을 냄으로써 풍미에 힘을 더하는 역할을 한다.

(3) 아시아의 인도네시아 수마트라 섬에서 생산되는 만델링, 린통, 아체, 술라웨

시 커피나 파푸아뉴기니, 인도 몬순 말라바와 같은 커피들은 다른 커피들과 쉽게 조화를 이룬다. 이 커피들은 단종으로 제공되었을 때에는 나름대로의 개성이 뚜렷하며 다른 커피들과 블렌딩되었을 때 맛의 균형을 잡아주고 풍미를 더해주며 묵직한 바디감을 더하는 역할을 한다.

(4) 로부스타 품종 중 몇몇은 에스프레소 블렌딩에 바디감과 풍부함, 깊이를 더하는 역할로 사용되기도 한다. 습식가공 방식으로 섬세하게 처리되고 신중하게 관리된 로부스타는 블렌딩 시 훌륭한 역할을 수행해낼 수 있다.

2) 블렌딩 방법

블렌딩은 생두를 섞어 한 번에 로스팅하거나 이미 로스팅이 끝난 원두를 섞는 방법으로 할 수 있다. 로스팅 전에 블렌딩하는 경우, 비교적 균일한 정도의 맛과 향을 낼 수 있다는 장점이 있지만, 서로 다른 성격을 지닌 생두들을 한 번에 로스팅하는 것이기 때문에 적절한 수준의 로스팅 기술이 필요하다. 로스팅한 원두를 블렌딩하는 경우에는 풍부한 맛과 향이 나타날 가능성이 높지만 여러 생두를 각각 로스팅한 후에야 블렌딩이 가능하기 때문에 시간이 많이 필요하다.

원하는 맛과 향을 위해 블렌딩하는 방법들을 간단하게 요약하면 다음과 같다.

- 서로 다른 원산지의 생두를 블렌딩한다.
- 같은 생산국 내에서 다른 지역의 생두를 블렌딩한다
- 같은 원산지 혹은 다른 원산지의 생두 중에서 품종이 다른 생두를 블렌딩한다.
- 가공방법이 서로 다른 생두를 블렌딩한다.
- 로스팅 정도가 다른 원두를 블렌딩한다.

이처럼 여러 방식으로 시도된 블렌딩은 커핑Cupping 절차에 따라 평가하고, 원하는 맛과 향을 찾아 그 맛과 향을 유지할 수 있도록 한다. 이를 위해서는 각 원산지의 커피들이 보여주는 맛과 향의 특징들을 파악하고, 경우에 따라 블렌딩에서 대체하거나 보완할 수 있어야 한다.

블렌딩 응용 실습

예시

1) 서로 다른 원산지 생두 블렌딩

   ㉠ 콜롬비아 + 케냐 + 엘살바도르

2) 가공방식이 다른 생두 블렌딩

   ㉠ 파푸아뉴기니아(워시드) + 콜롬비아(워시드) + 이가체프(내추럴)

3) 로스팅 정도가 다른 원두 블렌딩

   ㉠ 코스타리카 + 과테말라 + 만델링 + 브라질

4) 같은 생산국의 다른 원산지 생두 블렌딩

   ㉠ 브라질: 술데미나스 + 세하도 + 바이하

   콜롬비아 : 후일라 + 메델린 + 나린요 + 산오거스틴

블렌딩의 결과를 실습표에 기록해보자.

〈블렌딩 실습일지〉

** 블렌드 이름 :

** 블렌딩 방법 :

원산지	가공방법	로스팅 정도	향미 특징	비율	블렌딩 특징

CHAPTER 05

커핑

커피는 기호식품이기 때문에 선호도를 가늠하는 척도로서 감각적인 향미평가만을 커핑의 범위로 보는 경향이 있다. 하지만 넓게 보았을 때 커피가 지니고 있는 평균적인 오염도, 다시 말해 생두 상태에서의 결점두 숫자나 로스팅이 끝난 이후에 찾을 수 있는, 불균형하게 로스팅된 원두의 숫자와 같이 향미평가에 영향을 줄 수 있는 요소에 따라 커피의 품질이 판가름될 수 있다. 따라서 품질을 평가하기 위한 작업으로서의 커핑은 로스팅이 끝난 상태에서의 감각평가와 함께 생두 상태에서의 평가, 원두 상태에서의 평가, 더 넓은 범위에서는 재배이력과 같이 생산자가 표기하는 기록 등 객관적 평가 기준까지 모두 참고하는 것이 바람직하다.

1. 커핑의 목적

커핑은 커피의 맛을 평가하고, 커피가 지니고 있는 고유의 향미를 확인하는 작업을 말한다. 커핑의 목적은 인간의 감각으로 탐지하여 서술하고, 커피가 지닌 특성을 일정 기준에 따라 표현하여 커피의 품질을 밝히는 것이다. 소비자들은 커핑을 통해 커피가 지니고 있는 다양한 향미를 더욱 자세하게 찾을 수 있고, 훈련된 커퍼의 서술을 참고하여 커피를 선택할 수 있다. 생산자들은 전문적인 커퍼의 평가 결과를 참고하여 더 나은 품질의 커피를 생산하기 위한 자료로 삼을 수 있으며, 커피를 홍보하기 위한 자료로 활용할 수 있다. 이처럼 커핑은 생산자와 소비자 모두에게 도움을 주며, 스페셜티 커피에 대한 관심이 커질수록 더 중요한 역할을 한다. 커피가 지닌 맛과 향은 커피나무의 성장 과정에서 만들어지고 로스팅에 의해 발현된다. 커피의 맛은 추출을 통해 나온 수용성 · 비수용성 물질들이 미각세포를 자극하면서 나타나며, 향은 기체 상태로 후각세포를 자극하여 인지된다. 커피의 지질과 섬유질을 이루는 입자들은 물에 녹지 않기 때문에 입안의 촉각으로 느낄 수 있다.

커머셜 커피의 경우는 결점두 혼입률이 높아 이질적인 향미를 찾아내고, 일정한 품질 기준에 맞는가를 확인하는 것이 커핑의 목적이다. 그러나 결점두가 거의 없는 스페셜티 커피의 경우에는 커피가 지니고 있는 특별한 향미를 찾기 위해 커핑을 한다.

2. 향미에 영향을 미치는 결점두

커피의 향미는 커피가 본래 지니고 있던 것이 대부분이지만 주변 환경에 따라 크게 변화하기도 한다. 커피가 지니고 있던 기본적인 향미는 재배 과정에서부터 가공 및 보관 과정을 거쳐 로스팅되는 과정에 이르기까지 다른 향이나 맛이 첨가되어 성향이 변화하고 독특한 개성을 새로이 지니게 되거나, 불쾌한 향이나 맛에 오염될 수 있다. 커피의 향미가 오염되는 요소 중 가장 큰 영향을 미치는 것은 결점두이다. 결점두는 커피가 제품으로 만들어지기까지 수차례에 걸친 선별 과정을 통해 제거되는데, 무작위로 채취한 일정량의 생두 사이에서 발견된 결점두의 수와 심각한 정도에 따라 커피의 품질이 나뉜다.

로스팅이 끝난 원두 상태에서도 선별 작업이 이루어지는데, 이때에는 미처 골라내지 못했던 결점두와 함께 퀘이커quaker를 골라낸다. 퀘이커는 여러 요인에 의해 로스팅이 고르게 되지 않은 원두를 말하는데, 다른 원두들의 색에 비해 확연히 밝은 색을 띤다. 퀘이커를 골라내지 않고 커피를 추출하는 경우 향미가 불균형해진다.

표 5-1 | 결점두의 분류(향미에 영향을 주는 결점두)

결점두	형태	향미에 미치는 영향	심각한 정도
Full Black/Partial Black 대부분 또는 반미만이 검정		–썩은 또는 악취 풍기는 맛 –곰팡내, 상한 신맛, 페놀의맛	Full Black : ★★★★★ Partial Black : ★★
Full Sour/Partial Sour 대부분이 붉은빛, 또는 황색, 갈색		–상한 정도에 따라 상했거나 썩어서 악취가 풍기는 향미	Full Sour : ★★★★★ Partial Sour : ★★
Fungus Damage 곰팡이 핀 콩		–곰팡내, 흙맛, 페놀의 맛 –곰팡이 독이 생길 수 있음	Fungus Damage : ★★★★★
Foreign Matter 이물질(나뭇조각 또는 작은 돌)		–향미에 오염 발생	Foreign Matter : ★★★★★
Dried Cherry/Pods 일부 혹은 전체 검은 외피 감싸여 있음		–썩은 맛, 곰팡내, 페놀의 맛	Dried Cherry/Pods : ★★★★★
Severe Insert Damage/ Slight Insect Damage 벌레 먹은 콩		–시큼한 맛, 요오드, 곰팡내	Severe Insect Damage ★ Slight Insect Damage ★*2/1
Broken/Chipped/Cut 깨진 콩 혹은 파편		–흙맛, 시큼한 맛, 썩은 맛	Broken/Chipped/Cut ★
Immature/Unripe 발육 부진으로 녹색 빛이 돌며 실버스킨 붙어 있음		–풋내, 지푸라기맛, 떫은맛	Immature/Unripe ★
Withered 엷은 녹색으로 표면 주름		–풋내, 지푸라기맛	Withered ★

Shell 둥근 홈이 있는 기형 콩		-탄맛, 그을린 맛	Shell ★
Floater 색이 엷고 밀도가 낮음		-발효취, 풀내, 흙내, 곰팡내	Floater ★
Parchment/Pergamino 일부 또는 전체 마른 파치먼트 쌓여 있음		-없음	Parchment/ Pergamino ★
Hull/Husk 드라이 체리/ 팟의 파편		-흙내, 썩은 내, 곰팡내, 페놀의 맛	Hull/Husk ★

3. 커피의 기본 맛

커피에는 기본적으로 4가지의 맛이 있으며 단맛, 짠맛, 신맛, 쓴맛으로 구성되어 있다. 단맛sweet는 설탕류와 알코올류 그리고 일부 산 용액이 특징적인 맛이 있다. 짠맛salt은 염소, 브롬, 요소, 질산염, 황산염 등의 맛을 느낄 수 있으며, 잘못된 로스팅 콩으로 추출한 경우 느낄 수 있다. 신맛sour은 주석산, 구연산, 사과산 용액의 맛이 느껴진다. 쓴맛bitter은 키니네, 카페인, 알카로이드 용액의 맛이 난다. 그리고 커피의 기본 맛은 각 맛의 상대적 강도에 따라 '맛의 조정' 과정을 거치면서 다음과 같이 상호 조화된다.

산은 단맛과 짠맛을 증가시키며, 당은 짠맛과 신맛을 감소시킨다. 염은 단맛을 증가시키고, 신맛을 감소시키는 6가지의 맛의 결합이 발생한다.

4. 커핑을 위한 준비

커핑을 위한 주위환경은 밝고 조용하고, 주의를 산만하게 하는 것이 없어야 하며, 깨끗하고 냄새가 없으며 실내온도는 편안함을 느낄 수 있도록 한다. 커핑을 하기 위해서는 커핑할 커피, 추출할 물, 담을 용기, 스푼 그리고 시간을 측정할 타이머가 필요하다. 그리고 커핑 결과를 적을 커핑 테스트 평가지 혹은 수첩이 있으면 좋다. 일반적으로 SCAA의 커핑 테스트 평가지를 가장 많이 사용한다.

커핑을 위한 생두는 로스팅한 후 최소 8시간 정도 가스 방출을 해야 하므로 8~24시간이 지난 다음 커핑을 실시한다. 로스팅 시간은 최소 8분에서 최대 12분 이내로 하며, 겉이 타는 스코칭scorching이나 가장자리가 타는 티핑tipping이 발생하지 않도록 한다.

로스팅 종료 후 실온에 둔 원두가 20℃ 정도로 식으면 샘플을 밀폐용기에 담아 냉암소에 보관하여 공기와의 접촉을 최대한 억제하고 냉장이나 냉동 보관하지 않도록 한다. 샘플은 커핑 직전에 페이퍼드립용의 표준적인 굵기보다 약간 거칠게 분쇄하며, 분쇄 후 15분 이내에 커핑을 시작하고 부득이한 경우 뚜껑을 덮어 두되 30분을 넘기지 않도록 주의한다. 물과 커피의 이상적인 비율은 물 150ml에 커피 8.25g을 기준으로 하고 커피는 분쇄 전의 원두 무게가 기준이다. 샘플은 정해놓은 비율에 따라 계량하며 샘플의 균일성을 평가하기 위해 동일 샘플을 적어도 여섯 잔을 준비한다. 본격적인 분쇄에 앞서 다른 샘플과의 혼입을 막기 위해 여분으로 준비한 1개의 컵에 담긴 커피는 버리고 5개의 잔을 사용한다.

표 5-2 | 커핑 준비물

항목		내용
분쇄 원두		• 24시간 전 로스팅, 최소 8시간 정도 가스 방출 • 로스팅 정도 : light brown~light medium • 색도 : AGTRON No – 원두 58, 분쇄 63 SCAA 색도타일 – #55 • 분쇄 굵기는 일반적인 드립용보다 약간 굵음(fine grind) (75%가 US standare No.20 screen 통과하는 정도) • 컵당 7.25~8.25g 준비
커핑용 컵		• 5~6oz(150~180ml) 용량의 유리잔 또는 도자기잔 6개 • 5개는 커핑용이고 나머지 1개는 그라인더에서 처음 나오는 분쇄 원두 받아내는 용도
물		• 깨끗하고 냄새가 없는 물, 증류하거나 연수화 장치를 통과한 것은 피함 • 이상적인 TDS(Total dissolve solids, 용존성 고형물질) 총량은 125~175ppm(100ppm 이하, 250ppm 이상은 불가) • 물 온도는 92~93℃로 반드시 팔팔 끓인 후 식혀서 사용 • 물을 부을 때 원을 그려주며 컵 상단까지 부음
계량 저울		• 커핑을 위한 일정한 양의 커피를 계량 • 미량을 계량할 수 있는 저울로 선택
커핑 스푼		• 은도금이나 스테인리스 재질로 앞부분이 둥근 스푼
커핑 테스트 평가지		• 커핑 결과를 기록할 수 있는 평가지
기타		• 뜨거운 물, 입을 헹굴 수 있는 냉수, 커핑 스푼을 닦을 수 있는 물이 담긴 용기 • 스푼의 물기를 제거할 종이타월 • 테스트한 커피를 뱉을 수 있는 용기, 필기도구 등

5. 커핑 순서

SCAA(미국 스페셜티커피협회, Specialty Coffee Association of America)의 커피 향미 평가 순서는 다음 표와 같다.

표 5-3 | 커핑 순서

단계	평가항목	평가방법
step 1 커핑 시작	fragrance/ aroma	① 1에서 5까지 그려져 있는 종이 위에 커핑 컵 올려놓기 
		② 커핑 컵에 분쇄 원두 담기 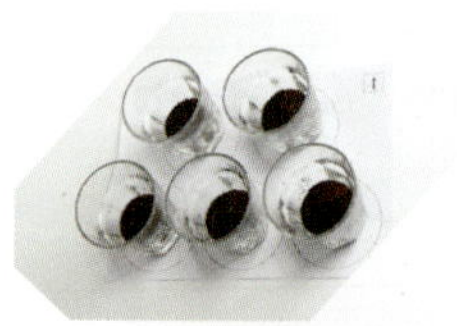
		③ 컵을 코 가까이에 대고 향을 힘차게 들이마신 다음 fragrance 맡기 
		④ 끓인 물을 1번부터 차례대로 붓기 
		⑤ 코를 컵에 대고 1번부터 aroma 맡기 
		⑥ 물 붓고 4분 뒤 스푼을 이용하여 1번 컵부터 3번 정도 위 아래로 가볍게 섞기 

		⑦ 스푼을 뒤집어 코에 대고 aroma 평가 1번 컵이 끝나면 2번부터 차례로 반복 
		⑧ 스푼 2개를 이용하여 순서대로 컵 표면의 거품 제거 
step 2 평균점수인 7.25를 기준으로 0.25점씩 가감	flavor aftertaste acidity body balance	⑨ 커핑 스푼의 반 정도에 오도록 커피를 떠서 입에 대고 “쉬익” 하는 소리가 날 정도로 입안으로 강하게 흡인slurping하여 혀의 전면에 고루 퍼지게 하면서 flavor, aftertaste 평가 
		⑩ 커피가 60~70℃까지 내려가면 acidity, body, balance 평가
		⑪ 한 샘플이 식어가는 중에 다양한 온도에서 2~3번에 걸쳐 평가하고 처음 수치와 달라지면 나중 수치를 체크하고 화살표로 표시
step 3 커핑 테스트 평가지의 5개 네모에 다른 점과 결점 체크하고 1개당 −2점	sweetness uniformity cleanliness	⑫ 계속해서 각각의 컵을 대상으로 sweetness, uniformity, cleanliness 평가. 이들 수치는 각 잔마다 평가하여 2점씩 가산(총 10점이 최고점)
		⑬ 샘플의 온도가 16℃ 이하로 내려가면 커핑을 중지하고 overall 체크
		⑭ overall은 이전의 평가 항목들을 전체적으로 고려하여 cupper's points 계산
step 4 점수 확인	scoring	⑮ 샘플 평가를 마친 후 점수 합산

평가방법

① 분쇄 원두가 담긴 컵을 가볍게 흔들면서 코 가까이에 대고 가루에서 나는 향을 들이마신 다음 가루상태의 향fragrance을 평가한다.

② 93℃의 물을 커피가 골고루 적셔지도록 컵에 가득 붓고 향을 맡은 후 커피 가루가 젖었을 때 느껴지는 향aroma을 찾아낸다. 그 후 브레이크 평가를 진행해야 하는데, 물을 부은 후 4분이 경과했다면, 지체없이 브레이킹을 진행한다. 스푼을 이용해 커피 가루와 거품이 섞여 있는 부분을 밀어준 후 3회가량 위아

래로 떴다가 내리기를 반복하며 향을 평가하면 된다. 이때 컵 바닥에 가라앉은 커피 가루를 휘저으면 안 된다. 물을 붓기 전과 부은 다음의 평가, 즉 프래그랜스와 아로마를 종합한 접수를 시트에 기록한다.

③ 브레이킹 평가가 끝난 후 커피 표면에 떠 있는 거품을 걷어낸다. 그 후 커피의 온도가 65~71℃ 내외로 떨어지면 맛에 대한 평가를 시작한다. 커핑 스푼의 약 반 정도(6~8ml)를 떠서 입에 대고 '쉬익' 하는 소리가 날 정도로 입안으로 강하게 흡입slurping하여 혀와 위턱까지 고루 퍼지게 한다. 이때 코로 빠져나가는 증기의 강도는 이 정도 온도일 때 최대가 되므로 맛aftertaste과 향flavor을 평가한다. 샘플의 온도가 점차적으로 낮아져 커피의 맛과 향이 달라지기 때문에, 다른 온도에서 2~3차례 더 평가한다.

④ 플레이버와 에프터테이스트 평가 후에는 커핑 테스트 평가지에 기재된 순서에 따라 산미acidity, 바디감body, 균형balance을 평가한다. 여기서 밸런스balance란 flavor, aftertaste, acidity, body를 종합적으로 고려한 균형감을 뜻한다.

⑤ 한 샘플당 최소 3회의 평가를 진행해야 하는데, 이는 커피의 온도가 낮아지면서 변화되는 맛과 향을 인지하기 위함이다. 나중에 평가한 점수가 먼저 평가와 상이할 경우 온도에 따른 변화를 고려하여 평가하고, 시간이 지남에 따른 맛의 변화를 화살표로 표시해 두면 유용하다.

⑥ 샘플의 온도가 실온에 가까운 27℃ 이하로 내려가면 각각의 컵을 대상으로 단맛sweetness, 균일성uniformity, 클린컵clean cup을 평가한다. 이들 수치는 각 잔마다 2점을 기준으로 평가하여 가산한다. 이때 총 10점을 최고점으로 한다(다른 항목의 평가와는 다르게 이 3가지 기준의 경우 10점 만점에서 컵당 -2점씩 감점하는 형식으로 평가하면 된다).

⑦ 샘플의 온도가 21℃ 이하로 내려가면 커핑을 중지하고, 전체 속성을 종합적으로 판단하여 커퍼 개인의 주관적인 의견을 반영할 수 있는 점수를 오버올overall에 체크한다.

⑧ 모든 항목에 대한 평가를 마친 뒤 점수를 계산한다.

⑨ 최종 점수final score는 각 속성에 따른 개별 점수를 합산한 총점에서 결점defects 점수를 빼고 최종 평점을 산출한다. 이 점수가 80점 이상이면 스페셜티 커피에 해당된다.

Tip

스페셜티 커피란?

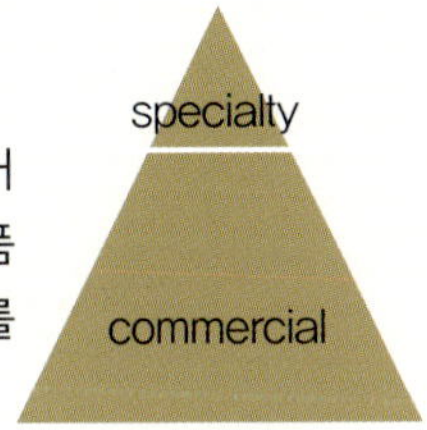

스페셜티 커피란 커핑 평가의 결과 80점이 넘는 커피를 뜻한다. 이는 특별한 커피를 뜻하는데, 일반적으로 전체 커피생산량의 약 10%가량만 스페셜티급의 품질로 생산된다. 일반적인 커머셜 커피에 비해 뛰어난 향미와 뚜렷한 캐릭터를 지니고 있기 때문에 비싼 가격에 거래가 되고 있다.

6. 커핑 평가 항목 및 기준

SCAA에 따른 커핑의 평가 항목과 기준은 아래 표와 같다.

표 5-4 | 커핑 평가항목 및 기준

항목	내용 및 표현	기준	점수
fragrance/aroma 분쇄 커피 향/젖은 커피 향	fragrance는 커피를 분쇄한 후 나는 향이며, aroma는 커피 입자에 물을 부었을 때 나는 향이다. 커핑에서는 물을 붓기 전 분쇄 입자의 향을 들이마신 fragrance와 물을 부은 뒤의 wet aroma를 종합적으로 평가 • 긍정적 표현: 과일향, 꽃향, 와인향, 허브향, 풍부한 • 부정적 표현: 나무냄새, 곰팡이 냄새, 고무 냄새, 건초냄새, 흙냄새	선호도 preference	0–10
acidity 산미(신맛)	커핑 스푼을 이용해 커피를 입안에 넣었을 때 혀에서 느껴지는 상큼한 맛 산미는 단순히 커피의 신맛을 의미하는 것이 아니라 신맛과 단맛의 조화로움이 어떠한지에 대한 평가 • 긍정적 표현: 과일 같은, 생동감 넘치는, 부드러운 • 부정적 표현: 날카로운, 찌르는 듯한, 자극적인	강도 intensity	0–10

<table>
<tr><td>flavor
향미</td><td>맛과 향의 종합적인 느낌으로 커피의 주된 속성
미각과 입에서 목 뒤를 돌아 코로 올라오는 향이 합해져 나타나는 느낌으로 맛과 향의 강도, 품질, 복합성을 종합적으로 평가
커피의 향과 맛의 복합적인 평가 항목으로 커피의 전체적인 풍미를 의미

• 긍정적 표현: 초콜릿, 과일 같은, 캐러멜 같은, 호두나 땅콩 같은 견과류, 쥬스 같은, 허브 같은, 와인 같은
• 부정적 표현: 생동감 없는, 매캐한, 연기 같은, 소독약 같은, 매콤한</td><td>선호도
preference</td><td>0−10</td></tr>
<tr><td>body
바디감</td><td>입안에서 느껴지는 묵직함으로 주로 혀와 입천장 사이에서 감지되며 묵직함이 강할수록 10에 가까움
바디는 커피가 지니고 있는 질감에 대한 평가

• 긍정적 표현: 부드러운, 우유 같은, 묵직한, 깨끗한, 크림 같은, 실크 같은
• 부정적 표현: 날카로운, 물 같은, 가벼운, 지저분한, 지루한, 얼얼한</td><td>강도
intensity</td><td>0−10</td></tr>
<tr><td>aftertaste
여운</td><td>커피액을 입안에서 평가한 후 뱉은 다음 입안에 남는 맛과 향에 대한 평가
애프터테이스트는 커피를 삼키고 난 후 입안에 남는 여운을 의미

• 긍정적 표현: 긴, 깨끗한, 달콤한, 좋은
• 부정적 표현: 짧은, 꺼끌꺼끌한, 아린, 날카로운</td><td>선호도
preference</td><td>0−10</td></tr>
<tr><td>balance
균형</td><td>커피의 acidity, flavor, body, aftertaste 등의 다양한 속성의 전체적인 조화를 고려하여 평가

• 긍정적 표현: 완벽한, 다채로운, 생동감 있는, 조화로운, 구조가 탄탄한
• 부정적 표현: 느슨한, 단조로운, 밋밋한, 날카로운, 지루한</td><td>선호도
preference</td><td>0−10</td></tr>
</table>

<table>
<tr><td>sweetness
감미(단맛)</td><td>분명한 단맛뿐 아니라 기분 좋은 flavor를 나타냄
스위트니스는 커피가 지니고 있는 단맛 자체의 유무에 대한 평가

• 긍정적 표현: 과일 같은, 꿀 같은, 진한
• 단맛에 대한 부분의 부정적 표현은 존재하지 않음</td><td colspan="2">각 잔마다 2점씩 총 10점</td></tr>
<tr><td>clean cup
(cleanliness)
맑기</td><td>처음 커피를 들이마실 때부터 뱉거나 삼키고 난 aftertaste까지 부정적인 인상이 없을 경우로, 커피의 맛과 향이 아닌 것이 나타나면 불합격 처리
클린컵은 커피에 섞여 있는 외부 영향에 의한 결점두에 대한 평가 항목으로 커피 자체의 깔끔함을 평가하는 표현

• 긍정적 표현: 깨끗한, 깔끔한, 질 정돈된
• 부정적 표현: 꺼끌꺼끌한, 기분 나쁜, 지저분한</td><td colspan="2">각 잔마다 2점씩 총 10점</td></tr>
<tr><td>uniformity
균일</td><td>샘플마다 평가되는 flavor의 균일성으로 잔마다 맛이 다르면 점수를 낮게 평가</td><td colspan="2">각 잔마다 2점씩 총 10점</td></tr>
<tr><td>overall
총점</td><td>커퍼가 커피를 전체적으로 평가한 후 개인적인 의견이 반영된 점수
오버올은 해당 커피의 느낌에 대한 주관적인 평가 항목

• 긍정적 표현: 완벽한, 조화로운, 다채로운, 과일 같은, 와인 같은, 세련된
• 부정적 표현: 단조로운, 날카로운, 매력 없는, 지루한, 밋밋한</td><td>선호도
preference</td><td>0−10</td></tr>
<tr><td>defects
결점</td><td>커피의 품질을 저하하고, 부정적인 느낌과 좋지 않은 향미를 주는 경우
약하게 느껴지는 부정적인 향미는 테인트taint로 감점 2점을 받고, 강하게 느껴지는 부정적인 향미는 폴트fault로 감점 4점

• 부정적 표현: 시큼한, 쿰쿰한</td><td colspan="2">defect는 taint나 fault로 분류하고 난 뒤 설명(예. sour, rubbery 등)을 하고 기록
벌점을 잔 수에 곱해 총점에서 빼기</td></tr>
</table>

커핑 결과 점수에 따른 향미 등급분류는 다음과 같다.

표 5-5 | 커피 향미 등급분류

총점	단계
95–100	super premium specialty
90–94	premium specialty
85–89	specialty
80–84	premium
75–79	usual good quality
70–74	average quality
60–70	exchange grade
50–60	commercial
40–50	below grade
40 이하	off grade

이러한 커핑 스킬 향상에는 반복해서 많은 경험을 쌓는 것이 중요하다. 커핑 횟수가 많아지고 익숙해지면, 향flavor을 맡는 것만으로도 각 커피에 대한 특성 판별이 가능하다. 향의 세기, 향의 종류 등을 정리한 다음 어떤 것이 가장 잘 나타나 있는지 분석해보면 산미와 질감 등도 추측할 수 있게 된다.

알아보기

세 종류의 원두로 커핑을 한 후 결과를 비교하여 본다.

CUPPING FORM

Fragrance/Aroma	Acidity	Flavor	Body	Aftertaste	Cupper's Point	Overall
0 5 10	0 5 10	0 5 10	0 5 10	0 5 10	0 5 10	

Fragrance/Aroma	Acidity	Flavor	Body	Aftertaste	Cupper's Point	Overall
0 5 10	0 5 10	0 5 10	0 5 10	0 5 10	0 5 10	

Fragrance/Aroma	Acidity	Flavor	Body	Aftertaste	Cupper's Point	Overall
0 5 10	0 5 10	0 5 10	0 5 10	0 5 10	0 5 10	

5-01 샘플 평가지

7. 커피의 맛과 향

향미는 효소, 당의 갈변, 건열 반응, 결점두의 원인 등 4개의 성분별로 구분하여 이를 샘플로 만들어 놓은 아로마 키트aroma kit를 이용해 느낄 수 있다. 아로마 키트란 커피의 생장과 가공 그리고 로스팅 과정에서 발생될 수 있는 주요 향기 36가지를 용액으로 만들어 커피를 학습하기 위한 도구이다.

5-02 아로마 키트

표 5-6 | 아로마 키트에 따른 분류 항목

구분	내용
엔자이매틱 Enzymatic	원인: 커피의 성장과정에서 생성되는 휘발성이 강한 향기
	• 꽃향기 Flowery: 재스민 꽃이나 가볍고 화사한 꽃향기의 느낌 –장미 Tea rose, 커피꽃 Coffee blossom, 꿀 Honeyed • 과일향기 Fruity: 과일의 상큼한 신맛이나 잘 익은 과일에서 느껴지는 향 –레몬 Lemon, 살구 Apricot, 사과 Apple • 풀향기 Herby: 채소나 허브에서 느껴지는 향미 –감자 Potato, 완두콩 Garden peas, 오이 Cucumber
슈거브라우닝 Sugar browning	원인: 로스팅 과정 중 당의 갈변반응 결과로 형성되는 향
	• 캐러멜리 Caramelly: 커피에서 가장 쉽게 느낄 수 있는 특성 중의 하나로 가벼운 느낌의 단맛과 무거운 느낌의 단맛으로 나눔 –신선한 버터 Fresh Butter, 캐러멜 caramel, 볶은 땅콩 Roasted Peanuts • 너티 Nutty: 주로 약하게 배전된 커피에서 느낄 수 있으며, 고소한 느낌보다는 약간 덜 볶은 콩의 느낌 –아몬드 Roasted Amonds, 헤이즐넛 Roasted Hazelnuts, 호두 Walnuts • 초콜릿티 Chocolaty: 초콜릿 특유의 쓴맛 느낌으로 강도나 특성에 따라 구분 –바닐라 Vanilla,토스트 Toast, 다크초콜릿 Dark chocolate
드라이 디스틸레이션 Dry distillation	원인: 로스팅 과정에서 콩에 가해지는 열 때문에 일어나는 건류현상에 의해 발생하는 황화합물군으로 생두 섬유질의 건열로 인해 형성되는 맛 taste과 향 flavor 가장 늦게 증발하므로 주로 여운에서 느껴짐
	• 스파이시Spicy –정향 Clove-like, 후추 Pepper, 고수 씨 Coriander seeds • 레지너스 Resinous –삼나무 Cedar, 블렉커런트 Black currant-like, 메이플시럽 Maple syrup • 파이롤리틱 Pyrolytic –맥아 엿기름 Malt, 잎담배 Pipe tobacco, 볶은 커피 Roasted coffee
아로매틱 테인트 Aromatic taint	원인: 외부에서 유입된 오염된 향기
	• 토양 Earthy –흙 earth, 건초 Straw, 가죽 leather • 발효 Fermented –커피 펄프 coffee pulp, 바스마티 쌀 basmati rice, 의약품 medicinal • 페놀화학 Phenolic –구운 고기 cooked beef, 연기 smoke, 고무 rubber

CHAPTER 06

커피의 추출

1_추출방법

2_분쇄

3_커피 추출 시 변수

4_물과의 상관관계

5_핸드드립

6_기구를 이용한 추출

커피의 추출은 분쇄한 커피 원두 입자 속의 가용성 성분을 물에 용해시키는 것이다. 이러한 추출을 통하여 커피 원두의 맛과 향이 드러난다.

커피 원두가 갖고 있는 성분은 물의 온도와 접촉시간에 따라 용해되는 조건이 다르다. 저온에서 충분히 녹는 성분부터 고온이 아니면 잘 녹지 않는 성분, 물에 접촉되는 순간 녹기 시작하여 시간이 걸려야 녹는 성분까지 다양하다.

커피 추출방법으로는 여러 가지가 있지만 공통적으로 기본적인 세 단계의 과정을 거친다.

첫째, 뜨거운 물이 분쇄된 커피입자 속으로 스며들어 가용성 성분을 용해시킨다.

둘째, 용해된 성분들이 커피입자 밖으로 용출된다.

셋째, 커피입자 내부에 남아 있는 가용성 성분의 농도와 용출된 가용성 성분이 만나 커피의 농도와 같아진다.

커피 추출과정에서 어떤 성분을 최대로 하고, 어떤 성분을 최소화할 것인가 하는 것은 매우 중요하며, 최상의 추출조건을 찾는 것이 추출과정의 목적이다. 결국 좋은 커피를 추출하기 위해서는 신선한 원두, 추출방법에 적합한 분쇄, 물의 종류, 온도와 추출시간에 대한 조건이 필수적이다. 이 외에도 커피 추출의 조건으로 커피의 양, 추출기구, 음용온도, 컵의 선택 등이 있다.

1. 추출방법

커피의 추출抽出은 '커피를 내린다', '커피를 뽑는다'로 표현하며, 영어로 'brewing', 'extraction'이라고 한다. 각각 '우려내다', '추출하다'라는 의미를 가지고 있다. 좀 더 정확히 구분하면 'brewing'은 녹차를 우려내듯이 '스스로 용해되어 나온다'라는 의미가 강한 반면, 'extraction'은 '어떤 힘을 가해 강제로 용해시킨다'라는 의미가 강하다. 일반적으로 커피의 추출은 'brewing'으로 사용하고 있다.

커피의 추출방법은 크게 달임법, 우려내기, 여과법, 가압추출법의 4가지로 분류된다. 또한 달임법과 우려내기, 우려내기와 가압추출법 등을 혼용한 중간 형태의 다양한 커피추출법과 추출기구도 있다.

1) 달임법 decoction

끓는 물에 분쇄된 커피 가루를 넣고 짧은 시간 동안 끓인 다음 커피 가루를 침전시킨 후 마시는 방법으로, 터키 커피가 대표적이다.

2) 우려내기 infusion

분쇄된 커피 가루에 뜨거운 물을 부어 커피 액을 용해시키는 방법으로, 프렌치프레스를 이용한 커피가 대표적이다.

3) 여과법 brewing

여과용 필터에 분쇄된 커피 가루를 넣고 그 위에서 뜨거운 물을 부어 커피 액을 추출하고, 이렇게 추출된 커피 액이 밑의 용기로 떨어지게 하는 방법으로 가정에서 흔히 사용하는 전기식 커피메이커와 드립퍼dripper를 이용한 핸드드립hand drip 커피가 대표적이다.

4) 가압추출법 pressed extraction

분쇄된 커피 가루에 뜨거운 물로 압력을 가하여 통과시켜서 커피 액이 용해되는 방법으로 에스프레소 커피가 대표적이다.

2. 분쇄

커피 열매를 통째로 물에 넣고 끓여 먹던 사람들이 열매의 씨앗만을 불에 볶아 먹게 되었고, 볶은 커피 원두를 가루로 만들어 끓이면 맛이 더 좋아진다는 것을 알게 되었다. 이때부터 커피 원두의 분쇄가 시작되었다. 분쇄는 커피 원두를 잘게 부수어 표면적을 넓혀 고형성분이 쉽게 추출될 수 있도록 한다.

1) 분쇄의 역사

초기에는 조그만 절구에 넣고 빻았다. 지금도 일부 지역에서는 절구로 커피를 분쇄하기도 한다. 에티오피아에서는 전통적으로 프라이팬 로스팅과 절구를 이용한 분쇄가 아직도 이용되고 있는데, 이는 소득 수준이 낮아 현대식 기구를 사용하지 못하기 때문이기도 하다. 현장에서 직접 볶고 빻은 커피 가루를 향신료와 함께 물에 넣고 끓인 커피를 제공하는 전통을 살려 일종의 이벤트로 활용하기도 한다.

절구로 커피를 빻아온 지 수백 년이 지난 후에야 비로소 맷돌과 비슷한 형식의 톱날을 이용한 커피 분쇄기가 등장하게 된다. 이러한 커피 분쇄기는 절구에 비해 입자의 크기를 조절하면서도 고르게 원두를 분쇄할 수 있다. 이후로 커피 분쇄기는 점차 다양하고 화려한 디자인으로 발전하게 되었고, 분도를 조절할 수 있는 기능도 보다 정밀해졌다. 이것을 커피밀coffee mill, 핸드밀hand mill이라고 부르는데 디자인이 다양하여 커피 분쇄 목적 외에 장식용으로도 애용되고 있다.

커피밀의 등장으로 커피 분쇄방식이 빻는 방식에서 가는 방식grinding으로 변화하였고, 이러한 커피 그라인딩은 이전의 방식보다 분도를 조절함에 있어 더욱 정확해질 수 있었다. 새로운 커피밀의 등장은 다양한 추출방법의 개발과 함께 커피가 세계로 널리 퍼져 나가는 계기가 되었다. 그리고 가는 방식으로 인해 커피 그라인더coffee-grinder라는 용어가 사용되기 시작하였다. 오늘날에는 모터를 장착한 전동식 커피 그라인더가 주로 사용되고 있으며, 수동식 핸드밀은 일부 가정과 커피마니아들 사이에서 사용되고 있다. 전동식 그라인더는 조정장치를 이용해 목적에 맞게 분도를 정확히 조절할 수 있다. 이처럼 정확한 분도를 조절함으로써 커피의 맛이 보다 향상될 수 있다. 미세하고 정확한 분도가 요구되는 에스프레소 커피는 이러한 전동식 그라인더가 없었다면 탄생할 수 없었을 것이다.

2) 분쇄방법과 분도

적합한 커피 분쇄는 양질의 커피 원두, 적절한 로스팅, 올바른 추출방법과 함께 한 잔의 커피를 얻기 위한 4대 요소 중 하나이다.

커피 원두의 가치를 최대한 살려내기 위한 커피 분쇄방법은 다음과 같다.

- 추출방법에 알맞은 분도 선택
- 선택된 분도에 따라 분쇄된 커피입자의 크기가 고른 분도 유지

- 분쇄과정에서 발열과 미분을 최소화
- 분쇄 커피에 섞여 있는 커피 껍질인 은피를 가능한 한 많이 걸러내는 것

추출방법에 알맞은 분도의 선택이란 커피의 추출에 사용되는 기구에 따라 또는 목적하는 커피액의 추출농도에 따라 분쇄하는 커피 입자의 크기를 달리하는 것이다. 각각 같은 양의 분쇄 커피와 물을 사용할 때 커피 추출액의 농도는 분쇄된 커피입자가 작을수록, 물과의 접촉시간이 길수록 진해진다. 그러나 커피의 농도가 짙다는 것과 커피의 맛과 향이 풍부하다는 것은 별개의 문제이다.

추출방법에 따라 기대하는 커피의 맛과 향의 차이는 있지만, 과잉추출도 과소추출도 아닌 적정한 추출농도가 있으며, 이러한 적정 추출농도일 때 커피의 맛과 향이 제대로 살아나게 된다. 일반적으로 물과 커피입자의 접촉시간이 길어질수록 커피입자를 굵게 분쇄해야 하고, 반대로 물과의 접촉시간이 짧아질수록 가늘게 분쇄해야 한다. 예를 들어, 에스프레소 커피와 같이 짧은 시간 내에 커피를 추출하는 경우에는 분도를 곱게 하고, 추출시간이 중간 정도인 핸드드립의 경우에는 중간 굵기로 분쇄하며, 프렌치 프레스처럼 추출 시간이 핸드드립보다 오래 걸리는 경우는 분도를 굵게 해야 한다.

분도를 고르게 유지하는 것은 주로 분쇄기의 기계적인 문제이다. 핸드밀의 경우 일반적인 경우 고른 분도를 기대하기 어렵다. 전동식 그라인더도 그 성능에 따라 일정한 분도 분쇄 기능에 차이가 있기는 하지만, 그라인더를 잘 관리함으로써 일정한 분도를 유지할 수 있다. 분도가 고르지 못한 경우 커피입자마다 물과의 접촉면적 차이로 인해 커피성분의 용해속도가 달라지기 때문에 맛의 균형이 깨진다. 분도가 너무 고운 커피 가루는 물과의 접촉면적이 넓어져 용해속도가 빨라지기 때문에 잡미까지 추출된다. 분도가 너무 굵으면 용해되는 성분의 양이 줄어들어 풍미가 저하된다.

3) 그라인더의 종류

그라인더는 분쇄원리에 따라 충격식impact과 간격식gap 그라인더로 나뉘며, 칼날의 형태에 따라 칼날형blade type, 버형burr type과 롤형roll type으로 구분된다. 버형은 다시 원뿔형conical과 평면형flat으로 구별된다.

(1) 칼날형 그라인더

주로 가정에서 사용되며, 프로펠러 모양의 칼날 두 개가 회전하여 분쇄하는 방식이다. 가격이 저렴하나 분쇄입자가 고르지 않고, 입자 크기 조절이 어려우며 청소 또한 번거롭다.

(2) 원뿔형 그라인더

회전수가 적어 열 발생이 적으나 분쇄속도가 느리며, 수동식과 전동식에 모두 사용된다. 커피가 으깨지는 방식으로 많은 양을 분쇄하기는 어려운 편이다. 조절나사를 이용하여 입자 크기를 조절할 수 있다.

(3) 평면형 그라인더

버burr라고 부르는 두 개의 금속판 사이에서 커피가 분쇄되는 방식으로, 입자 조절 스위치를 조절하여 다양한 굵기의 분쇄가 가능하다. 드립용은 맷돌처럼 으깨며, 에스프레소용은 커팅으로 미세하게 절단하는 방식이다.

(4) 롤형 그라인더

산업용으로 주로 사용된다. 서로 반대로 회전하는 홈이 파인 두 개의 실린더로 분쇄하는 방식이며, 가장 균일한 커피 입자를 얻을 수 있다.

6-01 그라인더 칼날

Tip

■ 미분 微分

커피 원두를 분쇄할 때 생기는 커피먼지로, 그라인더의 성능과 관계있다. 커피 원두를 분쇄할 때 원두에 가해지는 강한 충격으로 미분이 발생하며 상당량은 분쇄된 커피와 함께 배출되어 부정적인 커피 맛의 원인이 된다. 배출되지 못한 미분은 그대로 커피 분쇄기 안에 남아, 산패酸敗되고 새로운 커피 원두를 분쇄할 때 입자와 함께 배출되어 커피의 맛과 향에 부정적인 영향을 끼친다. 분쇄할 때마다 기계 내부의 청소는 불가능하므로, 핸드밀이라면 몇 바퀴 공회전시키면서 밀 전체를 손으로 쳐주면 어느 정도 미분의 청소가 가능하다. 전동식 그라인더의 경우에는 분쇄가 끝나면 배출구 부분에 적당한 용기를 대고 배출구 부분을 툭툭 쳐주고 부드러운 솔로 가볍게 청소해 준다. 또한 일정기간마다 기계를 분해하여 미분을 제거하면서 톱날의 마모 상태를 점검하는 것이 바람직하다.

■ 은피silver skin 제거

커피 원두를 분쇄하고 나면 커피 원두 내부에 숨겨져 있던 은피가 나타난다. 은피는 쓰고 떫은 불쾌한 맛으로 커피 맛에 부정적인 영향을 끼친다. 기계 내부에 남아 있는 은피는 미분과 같은 방법으로 제거할 수 있지만, 이미 분쇄된 커피와 함께 뒤섞인 은피는 처리가 어렵다. 분쇄된 커피에 섞여 있는 은피는 정전기에 약하기 때문에 큰 플라스틱 통에 넣고 뚜껑을 닫은 후 통째로 흔들면 전기를 띠게 되는 대전현상에 의해 미분과 은피가 통 안의 벽에 달라붙거나 분쇄 커피 표면 위로 올라오게 되어 어느 정도 제거가 가능하다.

■ 원두 분쇄

가능하다면 커피를 추출하기 직전에 원두를 분쇄해야 신선하면서 원두의 맛을 제대로 살린 커피를 즐길 수 있다. 미리 분쇄한 커피를 밀폐용기에 보관하고 추출할 때마다 꺼내 쓰면 편리하지만 신선도는 떨어진다.

■ 신선한 원두의 보관

원두는 이산화탄소와 향기 성분을 지니고 있어 공기와 접촉하면 쉽게 산화되므로 본래의 향미를 잃기 쉽다. 신선한 원두의 향미 유지를 위한 방법으로 온도, 빛, 수분의 영향을 받지 않도록 하는 것이다. 온도는 25℃ 이하로 직사광선을 피하도록 하고 습하지 않은 곳에서 보관한다. 보관방법으로는 신선도 유지를 위한 원웨이 밸브 사용 포장, 질소포장, 진공포장 등의 포장법을 사용한다. 로스팅 후 15일 이내의 원두는 상온에서 신선도를 유지할 수 있으나 공기와의 접촉 시에는 급속도로 산화되므로 밀폐 용기에 보관하거나 냉동보관해야 한다. 이때에도 소량씩 밀폐 보관하여 사용하는 것이 좋다.

3. 커피 추출 시 변수

커피를 추출할 때에는 분쇄도, 커피의 양, 추출시간, 물의 온도 등 향미에 영향을 주는 요소의 적정한 조합을 고려해야 한다. 분쇄한 입자가 가늘수록 커피 추출이 늦어 짙은 커피가 되고, 입자가 클수록 추출속도가 빨라 성분 추출이 미흡하여 연한 커피가 된다. 추출시간은 길수록 성분 추출이 많아 바디감이 무겁고, 신맛보다 쓴맛이 많아진다. 추출시간이 짧으면 바디감이 가볍기 때문에 추출시간을 적절히 조절하면 취향에 맞는 맛을 찾을 수 있다. 커피의 양이 많으면 짙은 맛이 나고 적으면 연한 맛이 난다. 1인분 양은 일반적으로 중간 굵기로 분쇄한 커피 15g을 120ml로 추출한 것으로 알려져 있지만, 20g을 굵게 분쇄하여 120ml로 추출하는 것이 좋은지는 취향의 문제이다. 물의 온도는 높을수록 성분 추출이 빨라지기 때문에 온도가 낮을 때는 추출시간을 길게 해야 한다. 90~95℃가 적당한 온도로 알려져 있다. 같은 온도에서도 추출시간이 길거나, 추출시간이 같더라도 물의 온도가 높으면 맛이 강해진다. 강하게 로스팅된 커피 또한 향미가 강하므로 물의 온도를 일반적인 추출 온도보다 낮출 필요가 있다. 그러나 물의 온도가 낮으면 추출 성분이 불충분해 커피가 연해질 수 있으므로, 취향에 따라 물의 온도 또한 조절이 가능하다.

4. 물과의 상관관계

커피음료는 99%가 물이다. 나머지 1%가 커피에 포함되어 있는 여러 가지 성분들이다. 이 물질들이 커피의 맛을 좌우하지만, 커피 추출액의 대부분을 물이 차지하고 있기 때문에 사용하는 물의 영향 또한 무시할 수 없다. 커피에 사용되는 물은 타닌, 철, 염소 성분이 없는 신선한 물을 100℃까지 끓여 추출하기 적당한 온도로 식힌 후 사용하며, 한 번 끓인 물을 다시 끓여 사용하면 커피 맛이 감소한다.

물에는 경수와 연수가 있다. 칼슘, 마그네슘, 철, 망간 등이 많이 함유되어 있는 물을 경수라고 한다. 칼슘과 마그네슘의 양이 수질평가의 기준이 되는데, 100ml의 물에 산화칼슘 1mg 또는 산화마그네슘 1.4mg이 함유되어 있는 상태를 경도 1도로 정하고 20도 이상을 경수, 10도 이하를 연수라고 한다.

수돗물은 연수이지만 소독 과정에서 사용된 염소에는 강한 냄새가 나기 때문에 언제나 충분히 끓여서 냄새를 휘발시킨 후 사용하여야 한다. 수돗물 속에 함유되어 있는 유리염소는 색과 향기를 나쁘게 한다. 끓이는 것만으로 냄새를 완전히 제거 할 수 없는 경우에는 정수기를 설치하는 것이 좋다. 또한 고층건물에서는 옥상의 저장용 물탱크로부터 수돗물을 저장하여 사용하기 때문에 오래되거나 청소가 미비한 물탱크의 물에는 금속이 부식되어 찌꺼기가 섞여 나올 수 있다. 이런 경우에는 사용할 물을 미리 받아 침전시킨 후 윗물만 사용한다.

연수기를 설치하면 수도관 속의 이물질이나 석회성분으로 인한 석회 찌꺼기를 완전히 제거할 수는 없지만 커피 맛의 저하를 해결할 수 있다. 정기적인 점검으로 필터교환과 소금물로 연수기를 관리해 주어야 한다.

5. 핸드드립

핸드드립hand-drip은 손쉽게 커피의 맛을 즐길 수 있는 커피 추출방법의 하나이다. 추출방법도 비교적 간단하며, 추출하는 방법에 따라 다양한 맛의 커피가 만들어진다.

모든 과정이 손으로 이루어지고, 과정을 눈과 코로 직접 확인하며 진행하기 때문에, 기계에 그냥 맡겨 두거나 적당히 해도 맛의 차이가 크지 않은 방법들에 비하면 다소 까다로우나 매력적인 커피 추출방법이다

핸드드립은 크게 융 드립flannel-drip과 페이퍼 드립paper-drip으로 구분할 수 있으며, 동남아 지역의 핀 드립fin-drip도 있다. 융으로 깔때기를 만들어 커피를 추출하는 융 드립은 작업의 까다로움과 관리의 번거로움으로 일부에서만 사용되고 있다. 반면 페이퍼 드립은 추출작업과 관리가 편리하여 대중적으로 널리 사용되고

있다. 추출된 커피의 질은 일반적으로 융 드립이 페이퍼 드립보다 우수하다. 특히 종이 필터는 커피의 지방 성분을 흡착하여 전체적인 맛과 향을 떨어뜨리지만 간편하고 위생적인 추출이 가능한 것이 장점이다.

1) 핸드드립 도구

핸드드립에는 드립퍼, 페이퍼필터, 서버, 드립포트가 필요하다. 드립퍼와 페이퍼필터의 모양에 따라 추출방법이 조금씩 다르다.

드립퍼는 커피를 추출·여과하기 위한 도구로, 페이퍼필터를 끼워 사용하며 플라스틱과 도기 두 종류의 재질이 있다. 드립퍼에는 골 모양의 리브가 있어 커피 추출 시 물을 부을 때 공간을 만들어 물의 흐름과 추출에 영향을 준다. 바닥에 뚫려 있는 구멍의 개수와 크기도 제조사별로 다르다.

페이퍼필터는 드립퍼에 끼우는 여과지로 다양한 크기와 모양이 있다. 필프지는 산소표백을 한 흰색과 무표백의 갈색 페이퍼가 있다. 최근에는 실크 재질도 이용하고 있다.

서버는 그 위에 여과지를 끼운 드립퍼를 올려 커피를 추출한다. 추출량을 확인하기 쉬운 투명한 유리제가 주로 사용된다.

드립포트는 추출용 주전자로 일반 주전자와 달리 물줄기를 가늘게 붓기 위해 입구가 좁고 무게 또한 가볍다. 배출구 선택은 물줄기를 수직으로, 가늘게 떨어지는

6-02 핸드드립 도구

것이 물의 양을 조절하기 쉽다.

2) 핸드드립 추출

핸드드립 추출은 여러 방법이 있으나 여기서는 일본의 칼리타Kalita식 드립퍼를 중심으로 살펴본다.

■ 드립퍼에 페이퍼필터 끼우기

종이 필터를 접는 방법은 다음과 같다.

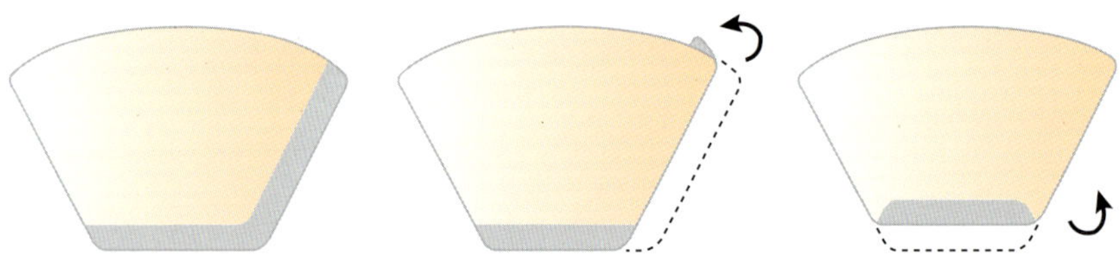

■ 원두를 분쇄하여 드립퍼에 넣기

분쇄한 원두가 평평하게 되도록 드립퍼를 쳐준다. 물을 균일하게 주입하기 위해서는 표면이 고른 상태를 유지해야 한다.

■ 물을 끓여 드립포트에 붓기

추출량에 따라 드립포트의 크기와 물의 양이 달라진다. 여러 잔을 추출하려면 용량이 큰 드립포트와 많은 물이 필요하다. 포트에는 물을 80% 정도 채운 후 추출한다. 반 정도만 채우고 추출하면 추출 도중 물줄기가 갑자기 끊어지거나 너무 많이 나와 조절이 잘되지 않는다. 따라서 비록 한 잔을 추출하더라도 최소한 80% 정도의 물을 붓도록 한다.

■ 물의 온도 낮추기

드립포트에 온도계를 꽂은 다음 뜨거운 물을 서버로 옮겨 붓고, 서버에서 드립포트로, 드립포트에서 다시 커피 서버로 몇 차례 반복하여 원하는 추출온도를 맞춘다. 이런 과정을 거쳐 물의 온도를 낮추고 커피 서버를 예열할 수 있다. 드립퍼에서 추출되는 뜨거운 커피 추출액이 차가운 커피 서버에 떨어지게 되면 약

2~3℃ 정도 온도가 떨어지고 맛에 민감하게 영향을 줄 수 있다.

■ 뜸들이기

본 추출에 앞서 소량의 물을 주입하여 커피 가루에 뜸을 들인다. 뜸들이기의 목적은 추출 전 커피 가루를 충분히 불려 커피가 가지고 있는 고유의 성분을 원활하게 추출하고, 커피 내의 탄산가스와 공기를 빼내어 물이 용이하게 흐를 수 있는 길을 만들어주기 위해서이다. 뜸들이기를 할 때 주입하는 물의 양은 주입 후 드립퍼에서 추출액이 몇 방울만 똑똑 떨어질 정도로 붓는다. 사용하는 원두의 양이 많으면 주입하는 물의 양도 많게 하고, 적으면 주입하는 물의 양도 적게 한다. 주입하는 물의 양은 추출할 커피 양의 10%를 넘지 않도록 한다.

물을 너무 많이 부으면 드립퍼를 통해 추출액이 곧바로 흘러나오는데, 이것은 뜸이라기보다 추출이 바로 시작되었다고 할 수 있다. 이러한 경우를 '과다 뜸' 이라고 한다. 물을 적게 부으면 커피 가루를 충분히 적시지 못하게 되는데 이를 '과소 뜸' 이라고 한다. 두 가지 모두 바람직하지 않다. 커피 가루를 불리는 과정이 불완전하면 커피 성분이 충분히 우러나오기 힘들다. 뜸을 들이게 되면 신선한 커피의 경우는 많이 부풀어 오르고, 오래된 커피의 경우는 전혀 변화가 없다. 신선하면 신선할수록 탄산가스를 많이 함유하고 있기 때문에 그만큼 더 부풀어 오른다.

■ 추출

뜸을 들였다면 본 추출에 들어간다. 추출은 약 4회로 나누어 한다. 1차 추출은 탄산가스에 의해 부풀어졌던 커피 가루가 평평하게 되는 시점이다. 평평하게 되기까지 소요되는 시간은 신선한 커피의 경우 20~30초 정도이다. 커피의 신선도와 로스팅 정도에 따라 달라지므로 정확히 단정 짓기는 어렵다. 오래된 커피는 부풀지 않으므로 뜸을 들인 후 바로 추출에 들어가도록 하며, 많은 양의 물을 한꺼번에 붓지 않도록 한다. 추출에도 여러 방법이 있으나, 칼리타의 경우는 나선형 방식으로 추출하는 것이 보편적이다.

드립포트의 높이는 최대한 낮게 하며, 물은 골고루 붓고 면적은 되도록 넓게 한다. 커피 가루에만 부어야 하며, 페이퍼필터에 물이 직접 닿지 않도록 주의한다. 1차 추출이 끝나고 커피 가루가 다시 평평해지면 2차 추출에 들어가며, 3차 추출과 4차 추출도 같은 방법으로 한다.

표 6-1 | 추출 실습지

변수 회	원두 양	분쇄도	물의 온도	추출량	시간	추출기구	비고 (향미/추출 시 특이사항 등)
1							
2							
3							
4							
5							
6							
7							
8							
9							
10							
11							
12							
13							

6. 기구를 이용한 추출

다양한 기구를 이용하여 커피 원두의 맛과 향이 잘 드러나도록 하는 데에는 여러 가지 커피 추출 방법이 있는데 주로 달임법, 우려내기, 여과법, 가압추출법 등을 사용한다.

1) 멜리타와 칼리타 추출

독일의 멜리타Melitta는 서브의 구멍이 하나로, 드립퍼 안에 물이 머무는 시간이 길어 커피의 바디감이 무겁고 맛이 강하다. 서브의 경사가 가파르고 리브가 끝까지 있어 물 빠짐이 일정하지만 추출시간이 길어지면 좋지 않은 쓴맛을 낼 수 있다. 배전도焙煎度, roasting 중간 이상의 커피에 알맞다. 칼리타Kalita의 제조사는 일본으로 커피가 물에 잠기기 전에 추출이 함께 일어나는 방식이다. 추출구 바닥에 구멍이 3개 뚫려 있다. 멜리타에 비해 드립퍼의 각도가 완만하며 리브가 길고 간격이 넓어, 커피 맛이 안정적이며 부드러운 맛을 낸다. 바디감보다는 산뜻한 신맛을 위한 드립퍼로 약배전 커피에 좋다.

6-03 멜리타 추출기구

6-04 칼리타 추출기구

멜리타와 칼리타의 추출방법은 거의 동일하며, 뜸들이기의 물은 중앙에서 바깥으로 나선형을 그리며 천천히 물 빠짐 없이 주입하고, 1차 추출을 위한 물 주입은 수국꽃 모양으로 뜸들이기의 팽창이 끝나면 나선형으로 물을 주입한다. 2차 추출은 물의 주입량을 조금 늘려 회전속도를 빨리하고, 3차 추출과 4차 추출은 물줄기를 굵게 한다. 마무리로 원하는 추출량이 되면 드립퍼와 서버를 분리한다.

2) 고노와 하리오 추출

일본 제조사로 고노Kono는 중앙에 구멍이 하나인 원추형이다. 하리오Hario는 고노의 단점을 보완하기 위해 개발되었다. 고노의 리브는 중간에서 시작하며 다른 드립방식보다 바디감이 좋고 감칠맛이 좋아 커피를 가장 맛있게 추출하는 드립퍼로 알려져 있다. 천천히 내리면 더욱 섬세하고 바디감이 좋은 맛을 낼 수 있다. 하리오는 리브가 나선형으로 끝까지 형성되어 있어 부드러운 추출을 도와준다. 고노보다 추출구의 크기가 조금 더 크고 바디감은 약간 떨어진다. 물줄기의 조절에 따라 융드립 같은 바디감을 맛볼 수 있다. 고노와 하리오는 강배전 커피에 사용되며 물줄기를 섬세하게 다룰 수 있어야 좋은 추출을 할 수 있다.

고노와 하리오의 추출방법은 거의 동일하며 뜸들이기는 나선형으로 섬세하게 물을 주입하여 원두를 팽창시킨다. 1차 추출은 팽창이 끝난 후 중앙을 기점으로 천천히 가늘게 주입한다. 2차 추출은 중앙에서부터 더욱 세심하게 골고루 주입한다. 3차, 4차 추출은 커피 가루가 뒤섞이지 않도록 조심하며 물줄기를 굵게 하여 회전속도를 빠르게 한다. 마무리로 원하는 커피 양이 되면 드립퍼를 신속히 분리한다.

6-05 고노 추출기구

6-06 하리오 추출기구

3) 융 추출

'융드립'nell drip이라 하며 플란넬 천인 융은 핸드드립 중 가장 부드러운 커피를 추출할 수 있다. 지방 성분이 융을 통과하면서 특유의 향미를 지닌 바디감을 준다. 융은 사용 후 관리를 철저히 하여야 한다.

6-07 융 추출기구

6-08 융 추출 과정

융의 사용법은 깨끗한 물에서 융을 주물러 씻은 뒤, 새로 받은 물에 넣고 10분 정도 끓인 후 식혀서 다시 찬물이 든 밀폐용기에 담아 냉장고에 보관한다.

융 추출은 융을 사용하기 전에 보관상의 문제로 추출 시 결점이 있는 향미를 동반할 수 있으므로 천의 상태를 잘 확인한다. 사용하기 전에 마른 수건으로 물기를 제거한다. 융의 밑 부분을 당겨서 커피가 촘촘히 담기도록 한다. 스프링식이나 점식 드립으로 중심부부터 촘촘히 적셔준다. 융에 물기가 직접적으로 닿지 않게 주의해서 주입한다. 표면의 거품이 꺼지기 전에 천천히 주입해서 마무리한다.

4) 케멕스 추출

케멕스Chemex는 1941년 독일의 화학자 쉴럼본Peter Schlimbohm에 의해 발명된 실험실의 비커를 닮은 도구이다. 케멕스만의 세련된 디자인과 과학이 적용된 우수한 기능으로 현 세기의 드립 방식 중 완벽한 제품의 하나로 평가받고 있다.

케멕스 전용필터와 더불어 과학적으로 고안된 케멕스 커피메이커는 커피의 쓴맛과 잔여물, 오일 등을 제거하고 커피 본연의 깨끗하고 풍부한 맛, 향과 풀바디

의 완벽한 커피를 추출할 수 있다. 다른 종류의 페이퍼필터에 비해 20~30% 정도 무거운 케멕스 필터는 커피의 나쁜 맛을 유발시키는 오일, 지방, 산 등 미세한 침전물까지도 완벽하게 제거한다. 필터 조직은 원하는 추출성분만을 우려내고 커피의 바디감을 높이기 위해 추출시간을 일정하게 유지시키는 독특한 제품이다.

최근에는 페이퍼필터의 환경문제를 해결하기 위하여 원뿔 모양의 콘kone필터를 사용하고 있다. 콘필터는 스테인리스스틸 재질의 미세한 그물망으로 만들어져 플라스틱 재질보다 안전하고 재사용이 가능하다. 또한 향미에서도 페이퍼필터보다 오일이 많고 바디감이 좋은 것이 특징이다.

6-09 콘필터

6-10 케멕스 추출 과정

5) 진공 여과기 추출

진공 여과vacuum brewer 추출 방식은 핸드드립에 비해 임의로 할 수 없는 물의 온도변화, 물 주입 속도 등이 오히려 플러스 요인이 되어 맛의 안정화 측면에서 유리하고, 깔끔하면서 풍부한 향을 느낄 수 있다. 사이펀Siphon 추출이라고도 하며 화려한 연출 효과가 있는 추출방법이다.

사이펀 커피는 드립 커피에 비해 맛이 깔끔하고 풍부한 향을 즐길 수 있는 것이 특징이다.

6-11 사이펀 추출 기구

- 하단 플라스크에 물기가 없도록 깨끗이 닦아준다.
- 끓인 물을 하단 플라스크에 넣는다.
  - 1인분의 물의 양은 125ml 정도가 적당하다.
  - 커피잔 마크 상단까지 물을 넣는다.
- 필터를 상단 로드에 넣고 스프링을 로드의 관파이프 밑으로 잡아당겨서 고리를 걸어 고정한다.
- 분쇄된 커피 원두를 상단 로드에 넣는다.

–원두의 양은 1인분에 9g 정도이다.

–강배전보다 약/중배전 원두가 좋다.

–커피 분쇄도는 중간 정도를 유지한다.

- 상단 로드를 하단 플라스크에 살짝 기울여 올려놓은 후 알코올램프에 불을 붙인다.

6-12 사이펀 추출 과정

- 물의 온도가 93℃ 정도가 되어 기포가 올라오기 시작하면 상단 로드를 똑바로 세워 눌러서 하단 플라스크와 결합시킨다.
- 플라스크 물이 증기압에 의해 서서히 로드 위로 올라가기 시작한다. 그리고 일정한 시간이 지나면 '거품, 커피+물, 물'의 세 계층이 되면 전용 막대로 저어준다.
  - 전용막대로 젓는 요령은 떠 있는 커피 가루를 밑으로 내려가도록 부드럽게 저어 준다.
  - 로드에 물을 넣고 계속 끓이면 플라스크의 물이 증발하여 플라스크가 파손될 수도 있으니 주의한다.
- 알코올램프의 불을 끄면 로드의 커피 액체가 하단 플라스크에 흘러내려 오기 시작한다.
  - 불을 끌 때는 뚜껑을 램프 화구에 덮는다.
  - 커피 추출 시 황금빛 거품이 많이 생길수록 맛있게 추출된 커피이다.
- 하단 플라스크에 커피의 액체가 흘러내려 온 다음 스탠드를 잡고 상단 로드를 밑으로 누르면서 좌우로 움직여 분리한다.
- 로드를 사이펀 거치대에 세운다.

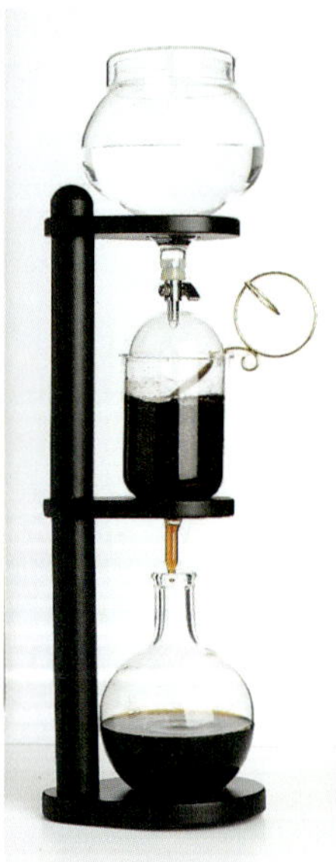

6-13 더치 커피 추출 기구

6) 더치커피 추출

더치커피Dutch Drip(워터드립 water drip)는 위쪽에 커피여과기, 아래쪽에 저장용기를 가진 추출기구이다.

더치 커피의 유래는 네덜란드인들이 인도네시아에서 유럽으로 갈 때 선박 안에서 물을 끓이지 않고 찬물을 이용하여 손쉽게 추출하기 위해 고안된 것이다. 찬물이 2~3초에 한 방울씩 커피 가루 입자에 닿으므로 추출시간이 오래 걸린다. 커피의 카페인은 뜨거운 물에서 용출된다고 하여 더치커피는 카페인이 전혀 없는 것으로 알려져 있으나 성분 분석 결과 전혀 없다는 것은 잘못된 상식이다.

음용 방법은 주로 차게 그대로 마시며, 우유나 물을 혼합하여 즐기기도 한다. 상온에서 추출되므로 위생적인 면을 고려하여 냉장시설 안에서 추출하는 것이 바람직하다.

7) 프렌치 프레스 추출

프렌치 프레스French press는 프레스 포트press pot, 커피 프레스coffee press, 커피 플런저coffee plunger라고도 부른다. 다른 기구에 비해 간단한 방법이지만 분쇄도, 온도, 접촉시간 등을 조절하며 커피를 만들 수 있는 장점이 있다.

6-14 프렌치 프레스 추출 과정

8) 모카 포트 추출

모카 포트moka pot는 이탈리안 스토브 톱Italian-stove-top이라고도 한다. 하단 포트의 물을 가열하면 수증기가 생기고, 수증기의 힘에 의해 물이 필터 바스켓의 관을 따라 위로 올라가게 된다. 바스켓에 담겨 있는 커피 가루를 통과하면서 커피 성분

6-15 여러 가지 모카 포트

6-16 모카커피 기구

이 추출되고, 추출액은 상단 포트 추출구를 통해 나오게 되는 원리이다. 일반적으로 7~8g의 원두로 30ml의 커피가 추출된다.

6-17 모카 포트 추출 과정

모카 포트의 추출 과정

모카 포트는 상부 포트, 하부 포트, 그리고 커피를 담는 필터 바스켓의 3가지로 구성되어 있다. 먼저 하부 포트에 물을 부어준다. 이때 안전밸브를 넘지 않도록 주의한다. 가늘게 분쇄한 원두를 필터 바스켓에 담는다. 원두를 가득 담은 후 스푼으로 눌러 평평하게 다져준다. 상부 포트, 필터 바스켓, 하부 포트를 결합하고 압력이 빠져나가지 않도록 꽉 조여준다. 가스버너 위에 올려 약한 불로 가열한다. 하부 포트의 증기압이 팽창하면, 물이 바스켓의 원두를 통과하면서 상단 포트에 에스프레소가 추출되기 시작한다.

주의 사항

- 가능한 한 미세하게 원두를 분쇄한다.
- 강한 불로 가열하지 않는다.
- 바스켓의 원두를 너무 단단하게 누르지 않는다.
- 추출 전 압력추가 헐거워졌는지 확인하고 항상 조여준다.

9) 핀 추출

핀fin은 베트남 커피기구이다. 연유를 컵에 부은 다음 핀을 컵에 올려놓고 커피를 추출한다.

6-18 핀 추출 기구

핀 추출법

- 컵 위에 바스켓을 얹고, 드립퍼의 뚜껑을 연다.
- 8~10g의 커피 가루를 담는다.
- 평평하게 다진 후 프레스기를 장착한다.
- 뜨거운 물을 부어준다.
- 기호에 따라 연유를 넣거나, 뜨거운 물을 부어 농도를 묽게 하거나, 얼음을 넣거나, 얼음과 연유를 둘 다 넣어 마시기도 한다.

6-19 체즈베와 이브릭 기구

10) 체즈베, 이브릭 추출

18세기 초반까지 커피를 추출하는 유일한 방법은 달임법이었다. 터키 등지에서 쓰이는 방식으로 체즈베cezve, 혹은 이브릭ibrik으로 불리는 긴 손잡이가 달린 작은 금속용기에 한 잔 분량의 물을 붓는다. 살짝 볶아 밀가루처럼 곱게 분쇄한 원두 두 스푼과 설탕을 넣는다. 이브릭을 중불에 올려 커피가 끓어오르면 스푼으로 커피를 휘저어 주며, 끓

6-20 체즈베 추출 과정

어오르기를 두세 번 반복한다. 2분 정도 기다려 커피 찌꺼기를 바닥에 완전히 가라앉힌 후 컵에 따라 마신다.

11) 캡슐 커피와 파드 커피 추출

6-21 캡슐 커피 메이커

최근 가정용으로 각광받고 있는 에스프레소 기기에는 캡슐capsule 커피메이커와 파드pod 커피 제품을 이용한 커피머신이 있다. 캡슐 커피는 높은 밀도감과 크레마의 연출이 가능한 장점이 있다. 밀봉된 알루미늄 캡슐은 신선하게 그라인딩된 커피가 지니는 높은 휘발성 아로마의 산화를 방지하여 최고의 커피 상태를 유지해준다. 최대 19기압으로 작동하는 추출 시스템이 내장된 것도 있다. 에스프레소 추출 시 가정용 에스프레소 기기와 전문 에스프레소 기기의 가장 큰 차이점은 인퓨전infusion 기능이다. 여러 회사에서 출시되고 있는 캡슐 커피머신 중, 기존의 제품과는 달리 머신과 캡슐 커피 사이를 적정 간격으로 분리시켜 금속과 커피 파우더가 직접 닿지 않게 함으로써 보다 깨끗하고 순수한 에스프레소를 추출할 수 있게 한 것도 있다. 이 외에 질소포장으로 신선도를 유지시켜 주는 파드 커피를 사용할 수 있는 제품도 있다.

12) 클레버 추출

6-22 클레버

클레버Clever의 외관은 기존 핸드드립에 사용되는 드립퍼와 크게 다르지 않다. 프렌치 프레스처럼 침출식으로 추출되기 때문에 추출 중 온도 저하를 막기 위해 드립퍼의 두께가 일반 드립퍼보다 두껍다. 또한 일반 드립퍼와 달리 드립퍼의 바닥 내부에 개폐식의 밸브가 부착되어 있다. 클레버는 프렌치 프레스처럼 우린 다음 하단의 밸브가 열리면 커피 추출이 시작된다. 드립퍼의 바닥이 이중으로 되어 있어 컵 위에 드립퍼를 올리면 밸브가 열린다. 커피가 추출 중일 때는 밸브가 닫혀 있으나 잔이나 서버 위에 올리면 바닥이 들어 올려지면서 밸브가 열리는 구조를 하고 있다.

6-23 클레버 커피 추출 과정

클레버는 프렌치 프레스와 페이퍼 드립의 중간 형태를 취하고 있는 드립퍼이다. 프렌치 프레스가 커피의 향미를 풍부하게 해주지만 성글게 만들어진 금속필터 사이로 미분이 그대로 추출되어 깔끔한 맛을 느낄 수 없고, 핸드드립은 바쁠 때는 준비시간이 부담이 되는데, 클레버는 이 두 가지 단점을 보완해 준다고 할 수 있다. 깊고 풍부한 프렌치 프레스를 깔끔한 페이퍼필터 드립과 같은 느낌으로 만들어준다. 필터를 접어 넣고 분쇄한 커피를 넣은 다음 뜨거운 물을 부어 몇 분 뒤 드립퍼를 잔 위에 올려두기만 하면 되기 때문에 간단하면서 훌륭한 커피를 추출할 수 있는 기구이다.

13) 에어로 프레스 추출

6-24 에어로 프레스 기구

에어로 프레스Aero press는 미국회사인 에어로비의 애들러Alan Adler 회장이 2005년 발명한 토탈 이머전Total Immersion 방식의 휴대용 공기압 추출 커피메이커이다. 현재 40여 개국에서 사용되고 있으며, 유럽에서는 이를 이용한 대회까지 치러질 만큼 주목받는 추출기구이다. 국내에서는 2007년 처음 소개되어 현재 많은 카페에서 사용되고 있다.

에어로 프레스는 프렌치 프레스와 멜리타 드립퍼를 결합한 형태의 추출 도구로 각각의 장점을 살리고, 단점은 개량하여 보다 깔끔하면서도 부드럽고 풍부한 향미의 커피가 추출된다. 즉 추출시간의 조절은 가능하지만 미세한 분쇄커피를 사용하지 못하여 높은 온도로 추출해야 하는 프렌치 프레스의 단점과, 낮은 온도로 추출은 가능하지만 장시간 추출에 의해 쓴맛이 강해지고 커피의 고른 추출이 되지 않아 커피의 깊은 향미가 드립퍼 안에 갇히는 현상인 멜리타 드립퍼의 단점을 보완한 형태라 볼 수 있다.

에어로 프레스의 추출방식인 토탈 이머전 방식은 커피를 물에 완전히 적신 상태로 추출되는 것을 일컫는다. 물에 닿는 부분과 닿지 않는 부분이 발생하는 것을 방지하여 고른 추출이 이뤄질 수 있도록 한다. 물에 완전히 적셔진 커피 위에 고른 공기압을 가하여 커피가 추출되기 때문에, 일반적으로 물에 녹는 수용성 성분 외에도 몸에 이로운 성분들이 압력에 의해 추가로 추출될 수 있다. 추출시간이 약

6-25 에어로 프레스 커피 추출 과정

20~30초로, 일반 핸드드립이나 프렌치 프레스에 비해 짧아 카페인 성분이 적게 추출되어 쓴맛이 적다.

페이퍼 마이크로 필터를 사용하여 일반 핸드드립 커피의 경우보다 더 고운 분쇄 커피를 사용할 수 있으며, 프렌치 프레스처럼 미분이나 침전물이 발생하지 않아 과다 추출이 일어나지 않고 깔끔한 커피가 만들어진다. 초기에는 페이퍼필터만이 사용되었으나, 사용자가 늘어나면서 에스프레소 머신에서처럼 포타필터의 형태와 같이 스테인리스로 된 필터가 개발되었다. 이는 종이필터가 가지는 한계인 커피 오일의 추출 여부를 보완할 수 있는 대안으로 개발되었다.

에어로 프레스 추출법

- 물을 끓인다.
- 커피 10g을 페이퍼 드립용보다 약간 곱게 분쇄한다.
- 에어로 프레스를 거꾸로 세워놓고, 마이크로필터를 온수로 적신다.
- 커피를 넣고, 그 위로 물을 부어 거의 끝까지 채운다. 80℃ 정도로 식혀 사용한다.
- 10~12초간 젓는다.
- 필터캡filter cap을 체임버chamber에 돌려 끼운다.
- 컵을 데운 후, 에어로 프레스를 바로 하여 컵 위에 올려놓고 천천히 프레스하여 내린다.
- 이때 공기가 새는 소리가 나기 전에 멈춘다.
- 청소는 필터 캡을 열고 플런저plunger를 눌러 압축된 커피를 밀어낸 다음, 플런저 끝의 고무 실seal 부분을 흐르는 물에 헹군다.

CHAPTER 07

에스프레소

1_에스프레소의 역사

2_에스프레소의 4대 조건

3_에스프레소의 특성

4_에스프레소 추출법

5_밀크 스티밍

6_에스프레소 메뉴

1. 에스프레소의 역사

1) 에스프레소 머신이 발명되기 전까지

17~18세기 초 터키의 커피하우스에서는 이브릭Ibric 혹은 체즈베Cezve 라는 포트에 분쇄한 커피 가루와 소량의 물, 설탕을 넣고 끓이는 '달임식' 커피가 성행하였다. 이 추출법은 물과 커피 가루를 함께 끓이기 때문에 마실 때마다 미세한 커피 가루가 입안에 들어가 텁텁한 맛이 강했다. 이러한 단점을 보완하기 위해 달여진 커피를 천에 걸러서 마시는 '여과식' 커피 추출법이 생겨났다.

여과식 커피는 터키식 커피에 비해 향미가 약했으나 잡미가 덜하여 보다 깔끔한 맛을 즐길 수 있게 되었다. 하지만 여전히 추출시간이 길기 때문에 늘어나는 커피 수요를 감당하기 힘들었다. 이후 1840년 스코틀랜드 해양학자 나피어Robert Napier가 추출시간을 조금 더 단축시키고자 증기압을 이용한 '진공여과방식'을 고안하여 배큐엄 브루어vaccum brewer를 만들었다. 이 추출법은 커피의 향미가 좋고 깔끔한 것이 특징이다. 또한 진공여과방식은 에스프레소 머신 개발의 출발점이 되었고, 이후 진화를 거듭하여 현대식 에스프레소 머신으로 발전하게 된다.

2) 에스프레소 머신의 탄생

1843년 산타이스Edward Loysel De Santais가 진공 추출법의 당기는 힘과는 반대로, 물을 밀어내는 타워형 머신을 고안하였다. 타워 상부에 뜨거운 물을 증기압으로 밀어 올려 높낮이와 가열된 물의 무게를 이용하며, 아래의 커피 가루를 통과시켜 추출하는 이 머신은 1시간에 약 2,000잔의 커피를 추출할 수 있었다. 이 머신은 1855년 파리의 만국박람회에 출품되어 주목을 받았으나, 너무 크고 복잡해서 결국 널리 보급되지 못했다.

1901년 이탈리아의 베제라Luigi Bezzera가 커피 가루를 필터 홀더에 한 잔 혹은 두 잔 분량을 채운 후 증기압을 이용하여 추출할 수 있는 커피머신을 개발하여 처음으로 특허를 취득했다. 이어 1903년 파보니De siderio Pavoni는 베제라Bezzera 머신의 특허 사용권을 얻어내 1905년도에 한층 더 발전된 타워형의 커피머신을 개발하여 큰 호평을 받았다. 그러나 이 기계의 내부 압력이 1.5기압 이상이었기 때문에 물의 끓는점이 100℃ 이상으로 올라가 커피의 잡미까지 추출되어 맛이 저하되었다.

1938년 밀라노의 크레모네시Signore Cremonesi가 피스톤을 이용한 가압방식의 머신을 개발하였다. 이 머신은 데워져 있던 물이 피스톤의 압력으로 커피 가루를 통과하여 추출되도록 고안되었다. 이로써 종전의 추출 시의 온도 유지에 관한 문제점을 어느 정도 보완할 수 있었다.

1946년 가찌아Achille Gaggia는 기존의 머신을 지렛대의 원리를 접목시켜 스프링을 이용한 피스톤식으로 개조하여 추출 시 전보다 더 강한 압력을 가할 수 있었다. 또한 추출 압력에 대해서도 바리스타가 미묘하게 조정을 할 수 있었다.

피스톤식 머신이 본격적으로 상용화될 무렵, 우연히 붉은빛이 감도는 부드러운 거품이 커피의 표면에 나타났는데, 이것이 '크레마'Crema이다. 크레마는 에스프레소의 자극적인 맛을 완화시켜줄 뿐만 아니라 향의 지속력을 보완해 주었기 때문에 크레마의 유무가 에스프레소의 질을 평가하는 기준으로 인식되기도 하였다. 피스톤 추출 방식으로 인해 커피 추출이 간편해지면서 머신이 널리 보급되었지만 이를 다룰 수 있는 숙련된 바리스타의 수는 한정되어 있어 인력 공급에 어려움이 있었

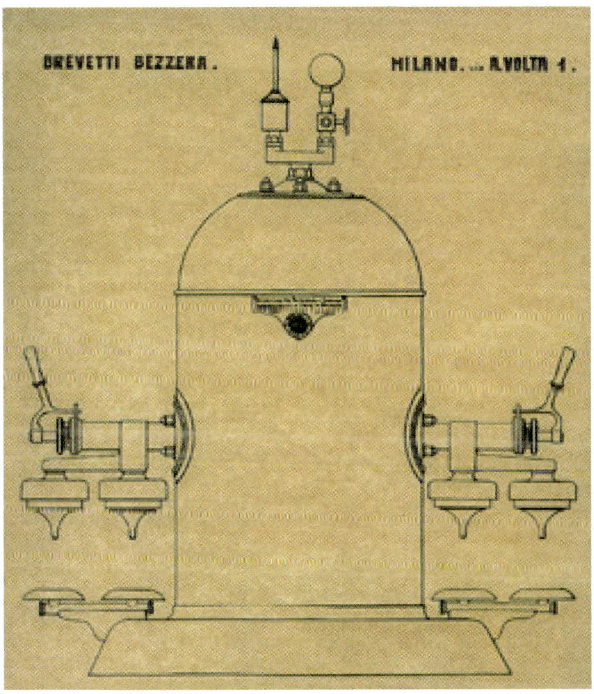

7-01 베제라

7-02 가찌아

다. 그래서 비숙련자가 추출하더라도 맛있는 에스프레소를 제공할 수 있는 머신의 개발이 필요했다.

1960년 기계 엔지니어인 발렌테Carlo Ernesto Valente는 종전에 있던 레버들을 없애고 전기의 힘을 이용하여 커피를 추출할 수 있는 머신을 발명하였다. 이 커피머신은 전기 동력 펌프가 장착되어 있어 적은 힘으로 일정한 압력을 가해 추출이 가능해졌고, 열 교환기Heat Exchanger를 이용해 보일러에서 계속 끓인 물이 아닌 신선한 물로 커피를 추출할 수 있었다. 따라서 커피 추출 시의 온도 조절이 추출 압력과는 별도로 진행되므로 공간 사용과 보일러의 용량 때문에 대부분 수직형이었던 기존의 커피머신들이 수평형으로 변하게 되었다.

2. 에스프레소의 4대 조건

좋은 에스프레소는 신맛과 단맛, 그리고 쓴맛이 잘 조화되어 있고, 풍부한 향기와 중후함이 오래 지속된다.

좋은 에스프레소의 추출은 네 요소, 즉 블렌딩, 그라인더, 에스프레소 머신, 그리고 바리스타의 숙련도에 의해 결정된다. 이를 각 이탈리아어의 첫 글자를 따서 '4M'이라 부른다. 이 4가지 조건들 중 하나라도 소홀히 하면 좋은 품질의 에스프레소를 추출하기 힘들다.

1) 블렌딩 Blending, Miscela

에스프레소는 풍부한 향미와 바디감이 있으면서 전체적으로 맛의 균형을 이루어야 한다. 이러한 에스프레소를 추출하기 위해서는 단종 커피로만 에스프레소를 추출하여 하나의 특성만을 살리는 것보다, 원산지와 가공법 등 커피가 가지고 있는 특성을 파악한 후, 2가지 이상의 커피를 혼합하여 각각의 부족함을 보완해 주어 밸런스가 좋은 에스프레소를 추출하는 것이 효과적인 결과를 얻을 수 있다.

에스프레소 추출 시, 커피의 특성상 뜨거운 물과 만났을 때 방출되는 탄산가스는 압착된 공간에서의 추출과 관련이 있기 때문에 핸드드립 방법에 사용하는 원두보다 좀 더 숙성기간을 두는 것이 좋다.

그러므로 무조건 갓 볶은 원두만이 최상의 풍미를 제공한다는 편견을 버리고, 상황에 맞게 원두의 상태를 파악하는 것이 중요하다. 에스프레소에 사용되는 블렌딩 원두의 경우 보통 7일 이상의 가스 방출을 위한 안정화 기간이 필요하며, 원두의 배전도와 보관방법에 따라 안정화 기간은 차이가 날 수 있다.

2) 그라인더 Grinder, Macinadosatori

원두는 그라인더의 분쇄도에 따라 표면적이 정해지는데, 이에 따라 물에 용해되는 커피의 성분량이 달라지며 맛의 변화가 일어난다. 또 에스프레소 추출의 경우, 원두 입자의 크기가 0.1~0.3mm 정도로 가늘기 때문에 전용 그라인더가 필요하다.

그라인더를 작동시키면 날이 돌아가기 시작하는데 이때 발생하는 열은 원두의 산패를 가속화시켜 커피의 향미를 떨어뜨리게 된다. 따라서 분쇄 시 발생하는 열을 최소화하는 것이 중요하므로 그라인더는 작동시간의 최소 1.5~2배 정도 휴식시간을 가져야 하고, 사용하지 않을 때에는 전원을 꺼두는 것이 좋다.

(1) 그라인더의 구조

일반적으로 사용되는 전동식 그라인더의 구조와 각 부분의 명칭은 다음과 같다.

7-03 그라인더의 구조와 명칭

① 호퍼

호퍼hopper는 원두가 담기는 통을 말한다. 플라스틱 재질로 이루어져 있고, 2kg 정도의 원두를 보관할 수 있다. 원두 보관 시 공기와의 접촉을 최소화하도록 뚜껑을 닫아두는 것이 좋다.

② 입자조절 레버

입자의 굵기를 조절할 수 있다. 그라인더마다 기준점과 입자 조절 방향이 다른 경우가 있으므로 사용 전 미리 파악하여 사용할 수 있도록 한다.

③ 도저

분쇄된 원두가 담기는 통이다. 도저 내부는 대부분 6개의 칸으로 나뉘어 있어 포타필터에 일정한 양이 담길 수 있도록 되어 있다.

④ 도저 레버

도저 레버를 앞으로 당기면 도저에 담겨 있는 원두가 아래로 떨어져 포타필터에 담기게 된다. 레버 작동 시 도저 내 칸막이가 헛돌지 않고 제대로 움직이는지 잘 살펴 보아야 한다.

⑤ 전원 스위치

on/off로 이루어져 있으며, 쓰지 않을 때에는 전원을 꺼서 원두의 낭비와 그라인더 날의 마찰을 최소화한다.

(2) 그라인더 관리법

그라인더는 커피가 담겨 있는 곳이기 때문에 관리가 매우 중요하다.

① 사용이 끝난 그라인더는 전원을 끈 후, 호퍼의 칸막이를 막아 분리해 주고 남은 원두는 다른 곳에 보관한다.

② 깨끗이 비운 호퍼를 부드러운 수세미에 세제를 묻혀 안쪽까지 닦아 깨끗한 물로 헹궈준다. 이때 거친 수세미를 사용할 경우 호퍼 내부에 상처가 생겨 원두 보관 시 커피 오일이 그 상처에 스며들어 원두의 향미에 좋지 않은 영향을 미칠 수 있다.

③ 호퍼와 분리된 후, 그라인더 안에 남아 있는 원두는 갈아주고, 나머지 잔여물은 솔로 청소해 준다.

④ 주기적으로 윗날과 아랫날을 분리하여 솔로 청소해 준다. 약품청소를 할 경우, 알약 세정제를 갈아준 후 원두를 다시 충분히 갈아준다.

⑤ 날은 마모도를 파악하여 주기적으로 교체한다.

3) 커피머신 Machine, Macchina

(1) 커피머신의 분류

커피머신은 작동 방식에 따라 다음과 같이 분류할 수 있다.

① 수동식 에스프레소 머신 Mannual espresso machine

에스프레소가 추출되기까지의 전 과정을 사람이 직접 조작한다.

② 반자동 에스프레소 머신 Semi automatic espresso machine / 자동 에스프레소 머신 Automatic espresso machine

그라인더를 사용하여 팩킹 작업까지 마친 후, 반자동 에스프레소 머신은 추출의 시작과 끝을 직접 버튼을 눌러 커피의 추출시간과 양을 조절하며, 자동 에스프레소 머신은 기계에 미리 세팅된 버튼을 작동시켜 커피의 추출시간과 양을 제어한다.

③ 전자동 에스프레소 머신 Fully/Super automatic espresso machine

원두의 분쇄부터 에스프레소 추출까지 자동으로 동작된다.

7-04 에스프레소 머신의 구조와 명칭

(2) 커피머신 관리법

그룹헤드group head 역류 세척(플럭싱 청소법)은 일주일에 2~3회 정도 해주는 것이 좋다.

① 포타필터potafilter에 블라인드 필터를 사용, 머신 세정제를 소량 넣는다.

② 포타필터를 그룹헤드에 장착한다.

③ 연속 추출 버튼을 눌러 머신을 작동시킨다.

④ 10초 후 연속 추출버튼을 다시 눌러 작동을 정지시킨다.

⑤ 작동이 멈추면, 그룹헤드와 포타필터를 분리한다.

⑥ 포타필터 내의 잔여물을 버린다.

⑦ 다시 포타필터를 장착하여 ②~⑥의 과정을 5회 정도 한다.

⑧ 청소 작업 중 블라인드 필터에 깨끗한 물이 남기 시작하면 연속 추출 버튼을 눌러 충분히 물을 흘려보내 내부에 남아 있는 약품 찌꺼기를 제거한다.

- 역류 세척을 하면 수압에 의해 물이 그룹 헤드 쪽으로 올라가 깨끗하게 청소를 할 수 있다.
- 무엇보다 중요한 것은 에스프레소 추출 후 즉시 포타필터 내의 커피 찌꺼기를 제거하는 것이다.

① 세정제 넣기

② 장착하기

③ 작동하기

④ 정지하기

⑤ 빼기

⑥ 잔여물 버리기

이러한 동작을 전제로 하였을 때, 약품을 사용하여 역류 세척을 하는 것이 보다 효과적이다.

- 에스프레소 머신을 장시간 사용하지 않을 때에는 전원을 꺼두는 것이 좋다.

Tip

개스킷 교체

오랜 시간 머신을 사용하면 커피를 추출할 때 누수가 생길 수 있다. 이것은 그룹헤드의 개스킷gasket이 고온에 의해 딱딱하게 굳고 높은 압력에 의해 마모가 생기기 때문이다. 딱딱해지기 전에 교체하는 것이 좋다.

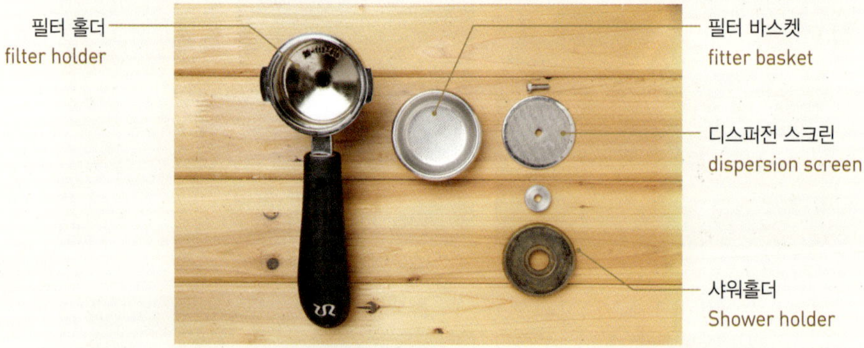

7-05 포타필터와 그룹헤드 부품

7-06 포타필터와 그룹헤드 부품 조립

(3) 포타필터 청소법

① 뜨거운 물을 담은 통에 약품을 넣고 저어준다.

② 포타필터와 필터 바스켓filter basket을 분리한다. 연결되는 틈새에 드라이버 등을 끼워 뺀다.

③ 준비해 둔 약품을 녹인 물에 포타필터와 분리한 필터 바스켓을 담근다.

④ 30분~1시간 후에 깨끗한 물로 세척한다.

(4) 디스퍼전 스크린(dispersion screen 산포망) 청소법

① 뜨거운 물을 담은 통에 약품을 넣고 저어준다.

② 드라이버를 이용하여, 그룹헤드의 스크린 볼트를 뺀다.

③ 그룹헤드와 디스퍼전 스크린을 분리한다.

④ 뺀 부속품들을 약품을 녹여 처리한 물에 담근다.

⑤ 30분~1시간 후에 깨끗한 물로 세척한다.

(5) 스팀노즐 및 스팀 팁 청소법

① 피처에 약품을 녹인 물을 반 정도 담아 스팀노즐steam nozzle을 30분 정도 담근다.

② 피처를 빼낸 후 스팀을 30초 정도 충분히 빼낸다.

③ 스팀 팁Steam tip을 돌려 빼낸다. 스팀을 빼고 난 뒤에는 뜨거우므로 조심한다.

④ 약품 녹인 물에 담근 다음 30분 뒤 깨끗한 물로 세척한다.

4) 바리스타의 기술 Mano, barista

'mano'는 손이란 뜻으로 바리스타의 능력을 의미한다. 바리스타는 전문적으로 커피를 만들 뿐만 아니라, 커피에 대해 전반적인 이해를 가진 사람을 말한다. 바리스타는 자신이 사용하고자 하는 재료와 기계에 대해 올바르게 숙지하고 있어야 원하는 맛의 에스프레소를 추출할 수 있다. 에스프레소는 모든 메뉴의 기본이므로 지속적인 훈련이 필요하다.

3. 에스프레소의 특성

에스프레소의 어원은 영어의 'express'로 '신속한, 급행의'라는 뜻을 가지고 있다. 에스프레소는 세 가지 기본원리인 즉석에서, 가압에 의해, 빠르게 추출해 만드는 커피이다.

에스프레소 한 잔의 양은 1oz, 약 30ml가량으로 에스프레소 머신으로부터 꿀이 흐르는 것처럼 가늘게 추출해야 한다. Espresso Solo 기준으로 7~11g의 분쇄커피를 약 90℃의 물을 9기압으로 압력을 가해 20~30초 동안에 추출한다.

에스프레소의 특징은 가압식 추출방식에서 나타난다. 높은 압력의 뜨거운 물이 커피 입자를 투과하고 입자 속에 있는 지방을 유화시켜 생성되는 크레마와 커피의 풍부한 맛과 향, 바디감은 에스프레소의 대표적인 특징이다.

1) 크레마의 특성

에스프레소의 특징 중 아주 중요한 것 중 하나가 크레마crema이다. 이 크레마는 높은 온도와 높은 압력에 의해 물이 커피 층을 통과하면서 추출될 때 커피의 오일 성분과 휘발성 향미 물질을 품고 있는 액상막이 작은 거품방울로 모인 것이다. 이 크레마의 역할은 약 1oz의 에스프레소가 가진 향미를 보존해 주는 역할을 한다. 좋은 에스프레소의 표면에는 5mm 정도의 적갈색 층이 보이는데, 이것이 바로 크레마이다. 이 적갈색의 층은 몇 분간 지속되어야 하며, 스푼으로 밀면 빠르게 복원되는 것이 좋은 에스프레소이다.

또한 커피의 신선도에 따라서도 상태가 변화하는데, 신선한 원두는 많은 양의 크레마가 추출되고, 반대로 오래된 커피는 크레마가 거의 나오지 않는다. 이렇게 크레마의 색과 지속성, 그리고 두께 등은 에스프레소 품질 평가에 중요한 요소가 된다.

2) 맛과 향, 바디감의 특성

좋은 에스프레소는 볶은 견과류, 캐러멜, 초콜릿 등 아주 다양한 향미가 나타난다. 특히 에스프레소는 마신 뒤 여운과 후미가 오래도록 지속되는 편이다. 에스프레소를 추출할 때 사용되는 원두에 따라 맛이 달라질 수 있으나 신맛과 단맛, 그리고 쓴맛의 균형을 이루고 있는 것이 좋은 에스프레소이다. 잘못된 추출과 좋지 않은 원두는 신맛이나 텁텁하고 쓴맛이 나게 한다.

바디감은 커피를 마셨을 때 입안에서 느껴지는 무게감, 질감을 뜻하며 마우스 필mouth feel이라고도 한다. 커피를 마셨을 때 '묵직하다.' 혹은 '가볍다.'라고 말하는데, 이는 커피가 가진 농도에 따라서 결정되는 것이 아니라 커피가 가진 성분(지방, 단백실 등)이 입안에서 밀도감을 만들어 내고, 커피가 가지고 있는 성격에 따라서도 다르게 나타난다.

4. 에스프레소 추출법

에스프레소의 추출은 커피가 지닌 향기와 맛 성분을 추출하는 것으로 여러 가지 변수들을 숙지하고 있어야 최상의 에스프레소를 추출할 수 있다.

1) 에스프레소 추출조건

표 7-1 | Espresso solo기준의 추출조건

원두 양 (g)	7±1	머신의 압력 (bar)	9±1
추출시간 (sec)	25±5	물의 온도 (℃)	90~95
추출량 (ml)	25±5 (30±5)	분쇄도 (mm)	0.1~0.3

2) 에스프레소 추출과정

에스프레소는 분쇄grinding, 담기dosing, 레벨링leveling, 다지기tamping, 추출extraction의 순서로 만들어진다. 이러한 추출과정을 팩킹packing이라고 한다. 각 매장마다 혹은 바리스타마다 추구하는 맛이나 스타일에 따라 다양한 유형이 존재한다. 따라서 정확하고 올바른 팩킹 동작을 몸에 익히고, 그 후에 다양성을 기반으로 하여 자신만의 스타일을 확립하는 것이 좋다. 바리스타는 무엇보다 맛을 최우선으로 고려해야 할 것이다.

(1) 에스프레소 머신을 이용한 추출과정

7-07 에스프레소 머신을 이용한 추출과정

- 포타필디를 그룹헤드에서 분리한다
- 추출 버튼을 눌러 그룹헤드에서 뜨거운 물을 3초 이상 흘려준다. 이는 그룹헤드의 온도가 항상 일정하게 유지될 수 있도록 해주기 위한 것이다. 팩킹이 끝난 후 그룹헤드에 포타필터를 장착하기 전에 해주어도 무방하다.

- 필터 바스켓을 면포로 깔끔하게 닦아 물기를 제거하고, 내부가 깨끗한지 확인한다.
- 그라인더를 작동시킨 후 도저 레버를 당겨 분쇄 커피를 포타필터에 알맞게 담고 그라인더를 끈다. 도저 레버를 당겨 포타필터 안에 원두를 담는 작업을 도징dosing이라고 한다.
- 포타필터에 담긴 커피를 평평하게 고른다. 원두 가루를 포타필터 안에 고르게 펴서 담는 것을 레벨링leveling 혹은 고르기grooming 라고 한다.
- 레벨링이 끝나면 탬퍼tamper의 청결 유무를 확인한 뒤 수평을 맞춰 가볍게 탬핑tamping한다.
- 1차 탬핑 후, 필터 내벽의 원두를 떨어뜨리는 태핑 과정을 거친다. 태핑tapping은 탬퍼의 손잡이 부분으로 포타필터의 몸통을 빗겨 쳐준다. 이때 과도한 태핑을 하게 되면, 다져진 커피 층에 균열을 주어 물의 흐름이 올바르지 못하고 균일한 추출이 될 수 없기 때문에 바리스타의 조절이 필요하다.
- 2차 탬핑 시, 탬퍼에 체중을 실어 수평을 맞추어 눌러준다. 이때 탬핑은 내부의 커다란 공극들이 제거될 정도로 다져지기만 하면 된다. 그 이유는 탬핑으로 가해진 압력은 커피 입자가 물에 닿는 즉시 풀어지기 때문이다.
- 포타필터 주변의 커피 찌꺼기를 털어낸 후 그룹헤드에 끼운다.
- 미리 예열한 데미타세demitasse 잔을 배출구에 놓고 추출 스위치를 누른다.
- 에스프레소가 추출되기 시작하면, 추출시간과 추출량을 측정하고 추출을 완료한다.
- 추출된 에스프레소를 즉시 제공한다.

(2) 과소 추출과 과다 추출

과소 추출과 과다 추출의 기준은 커피를 추출하였을 때, 그 성분이 얼마나 추출되었는가로 나뉜다. 추출 결과에 따라 추출 상태가 어떠한지도 파악이 가능하다.

① 과소 추출일 경우

- 크레마의 색은 전체적으로 옅은 갈색을 띠고, 추출되어 떨어지는 줄기가 빠르다. 크레마 표면에 화이트 스팟이나 버블이 관찰되는 경우가 있다.
- 과소 추출일 경우, 에스프레소의 농도와 향이 약하며 신맛이 강조되는 경우가 있다.

② 과다 추출일 경우

- 크레마의 색은 전체적으로 진한 갈색을 띠고, 간혹 검은 반점(검은 띠: 오버 마킹)과 크레마에서 기름방울(오일마킹)이 관찰된다. 추출되는 모양을 보면 방울방울 추출되거나, 매우 가는 줄기로 추출되는 경우가 많다.
- 과다 추출일 경우, 에스프레소의 쓴맛이 강하고 향미가 약한 편이다.

표 7-2 | 과소 추출과 과다 추출의 비교

	과소 추출 (under extraction) – 커피의 성분이 적게 나왔을 때	정상 추출	과다 추출 (over extraction) – 커피의 성분이 많게 나왔을 때
원두량 (g)	정상 추출보다 적은 양 : 추출할 수 있는 성분 자체가 적음	7 ± 1	정상 추출보다 많은 양 : 추출할 수 있는 성분이 기준치보다 많음
물의 압력 (bar)	정상 추출보다 높은 압력 : 높은 압력으로 계속 물이 내려오기 때문에 추출 수가 커피와 만나는 시간이 짧음	9 ± 1	정상 추출보다 낮은 압력 : 낮은 압력으로 물이 내려오기 때문에 추출 수가 원두와 만나는 시간이 길어짐
물의 온도 (℃)	정상 추출보다 낮은 온도 : 반응속도가 낮기 때문에 추출이 덜 추출됨	90 ~ 95	정상 추출보다 높은 온도 : 반응속도가 상대적으로 빨라 잡미까지 추출됨
분쇄도 (mm)	정상 추출보다 굵을 때 : 물과 만날 수 있는 원두의 표면적이 기준치보다 좁아짐	0.1 ~ 0.3	정상 추출보다 가늘 때 : 물과 만날 수 있는 원두의 표면적이 넓어짐으로 추출되는 성분이 많아짐
탬핑의 강도	정상 추출보다 약할 때 : 원두간의 밀도가 약하기 때문에 물길이 생기기 쉬움	13~14kg 정도의 힘	정상 추출보다 강할 때 : 원두간의 밀도가 높아져 물길이 생기기 어려움
추출되는 장면	 1. 과소 추출	 2. 정상 추출	 3. 과다 추출

7-08 과다 추출 정상 추출 과소 추출

5. 밀크 스티밍

에스프레소 머신의 뜨거운 스팀을 이용하여 데운 우유 혹은 우유거품을 만들 수 있는데, 이 과정을 밀크 스티밍milk steaming이라 한다. 다시 말해, 밀크 스티밍은 수증기를 이용하여 우유에 공기를 주입하고 온도를 알맞게 높여 에스프레소 메뉴를 만들 때 사용되는 폼드밀크formed milk를 만든다. 폼드밀크가 곱게 잘 만들어져야 커피 음료를 마실 때 좋은 감촉이 느껴지고 입안에서 거품이 쉽게 사라지지 않는다.

밀크 스티밍을 하는 방법은 다음과 같다.

① 신선하고 차가운 우유를 피처에 적당량 붓는다. 피처는 사용될 우유의 양과 잔의 용량에 따라 크기를 선택하여 사용한다.

② 에스프레소 머신의 스팀밸브를 열어 스팀노즐의 증기를 방출하여 노즐 내부

의 물방울을 제거해 우유와 섞이지 않게 해주는 역할을 한다. 이 물방울은 뜨거운 스팀으로 데워졌던 스팀노즐과 실온과의 온도차로 인해 발생한다. 스팀을 방출할 때 스팀용 행주를 덧대어 스팀노즐을 기계 안쪽으로 넣어 바깥쪽으로 물기가 튀지 않게 한다. 스팀용 행주는 항상 젖어 있어야 하며, 청결하게 관리해야 한다.

③ 피처의 손잡이를 잡고 스팀노즐의 끝 부분을 우유 표면에만 살짝 잠기도록 한다. 이때 스팀노즐 끝 부분의 구멍은 충분히 잠기도록 하여 우유가 튀는 것을 방지한다.

④ 스팀밸브를 열어준 후, 밸브를 잡고 있던 손을 피처의 아랫부분으로 가져가 온도를 감지할 수 있도록 한다. 또 곧바로 피처를 살짝 내려주어 공기주입이 되도록 한다. '칙칙' 하는 부드러운 소리가 나면 적당한 위치에 놓인 것이다.

Tip

스팀노즐의 끝부분이 우유 표면에 멀리 떠 있으면 거칠고 시끄러운 소리가 나고, 거친 우유거품이 만들어진다. 노즐이 너무 잠기면 시끄러운 쇳소리가 나며, 공기주입이 충분히 이루어지지 않아 우유거품이 생성되지 않는다.

⑤ 거품이 충분히 생겨 우유 표면이 올라오면 스팀노즐을 피처의 벽면 가까이 가져가거나 피처를 살짝 기울인다. 이때 계속 분출되는 스팀의 힘으로 우유가 소용돌이치면서 우유와 거품이 혼합된다.

⑥ 우유거품이 원하는 만큼 형성되면 온도를 60~65℃에 맞춘다. 더 이상 공기주입이 되지 않도록 주의하며 우유가 소용돌이치면서 우유와 거품이 혼합될 수 있도록 한다.

⑦ 원하는 온도가 되면, 피처를 내려놓고 스팀노즐을 스팀용 행주로 닦아낸다. 그렇지 않으면 노즐에 뜨거운 우유가 말라붙어 위생상 나쁘고, 스팀노즐을 막히게 할 수 있다. 닦은 스팀노즐을 안으로 넣어 스팀을 방출해 남아 있는 우유를 빼낸다.

⑧ 거품이 생성된 피처 바닥을 1~2회 쳐서 표면에 생긴 큰 거품을 가라앉힌다. 피처 손잡이를 잡고 원을 그리며 돌려 우유와 거품이 고루 섞이게 해준다.

⑨ 원하는 메뉴를 만들기 위해 에스프레소 커피가 담긴 컵에 부어준다.

Tip

밀크 스티밍 과정

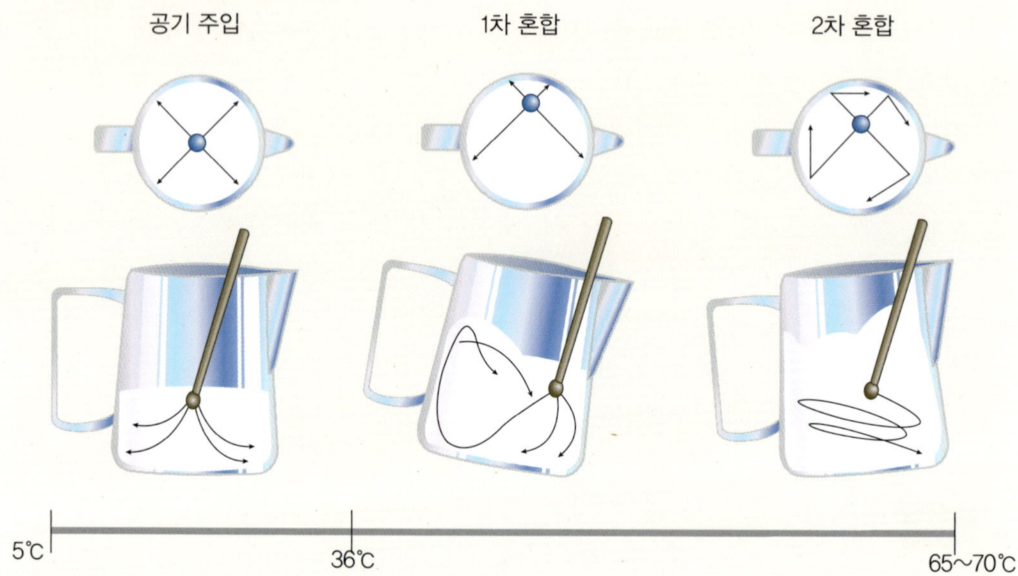

6. 에스프레소 메뉴

1) 도구

커피 메뉴를 만들기 위해서는 다양한 기구들이 필요하다.

표 7-3 | 커피 기구의 종류

도구			특징
기구	스티밍 피처 steaming pitcher		밀크 스티밍을 할 때 우유를 담는 용기.

<table>
<tr><td rowspan="10">기구</td><td>온도계</td><td></td><td>스티밍을 하는 동안 우유의 온도를 확인할 수 있으며, 클립이 부착되어 있어 스티밍 피처에 고정시켜 사용 가능.</td></tr>
<tr><td>수동 거품기</td><td></td><td>살짝 데운 우유를 지정선까지 부운 다음 뚜껑을 닫고 한 손은 손잡이를, 다른 한 손은 꼭지를 잡고 위아래로 흔들어주면 거품이 생김. 기계의 스팀을 이용하지 않고 간단하게 거품을 만들 수 있음.</td></tr>
<tr><td>전동 거품기</td><td></td><td>살짝 데운 우유를 깊이가 있는 컵에 3/1 정도 채운 다음 전동 거품기를 위아래로 움직여주면 거품이 만들어짐. 건전지로 작동이 가능하며 간편하고 세척이 용이.</td></tr>
<tr><td>휘핑기</td><td></td><td>차가운 생크림을 휘핑기의 1/2 정도로 부운 다음 뚜껑을 닫은 후 크림차저cream charger를 가스캡 안에 넣고 조여주면 '픽' 소리와 함께 자동으로 압축공기가 용기 속에 주입. 휘핑기를 10여 회 위아래로 흔들어준 다음 손잡이를 눌러 휘핑크림을 얹어줌.</td></tr>
<tr><td>질소가스</td><td></td><td>휘핑기에 투입되는 1회용 아산화질소가스로 질소가스 1개는 400~450ml의 생크림을 휘핑할 수 있음.</td></tr>
<tr><td>시럽통</td><td></td><td>시럽을 넣어서 편리하게 사용할 수 있는 튜브 형태의 통.</td></tr>
<tr><td>소스펌프</td><td></td><td>소스통에 꽂은 후 펌프로 필요한 양만큼 조절하여 사용.</td></tr>
<tr><td>파우더통</td><td></td><td>시나몬이나 초코릿 등의 미세한 파우더를 담아 토핑할 때 사용.</td></tr>
<tr><td>샷글라스</td><td></td><td>글라스 내부에 눈금이 새겨진 글라스. 작은 유리 잔으로 에스프레소 추출 시, 양 조절 및 추출을 정확하게 할 수 있다.</td></tr>
<tr><td>벨크리머</td><td></td><td>에스프레소를 받아 음료를 만들 때 사용하거나 시럽이나 소스류를 담아 서빙하는 용도로 쓰인다.</td></tr>
</table>

	데미타세 demitasse 	에스프레소 같은 진한 커피를 마실 때 사용하는 컵.
커피컵	머그 mug 	원통형 모양의 컵으로 뜨겁게 커피를 마실 때 사용하는 다용도 컵.
	라떼(카푸치노) 잔 	커피의 뜨거운 열기를 보존하고, 맛과 향을 유지하기 용이한 컵.

2) 에스프레소 기본메뉴

7-09 에스프레소

(1) 에스프레소 Espresso

에스프레소는 커피의 풍부하고 강한 향미를 느낄 수 있으며, 약 30ml 정도로 데미타세 잔에 제공되는 커피이다.

7-10 리스트레토

(2) 리스트레토 Ristretto

'응축된', '압축된'의 뜻을 가진 리스트레토는 단시간에 추출한 소량의 에스프레소로 진하면서도 부드러운 향미를 가지고 있다.

(3) 룽고 Lungo

이탈리아어로 '길다'라는 뜻을 가지고 있으며, 에스프레소를 장시간 추출하여 쌉싸름한 여운을 즐길 수 있는 커피이다.

7-11 룽고

(4) 도피오 Doppio

도피오는 영어의 'Double'과 같은 의미로, 에스프레소 2잔의 양이 1잔이다. 보통 투 샷two shot 또는 더블 샷double shot이라고 한다.

7-12 도피오

표 7-4 | 물의 양

구분	추출시간(sec)	추출양(ml)
리스트레토 (ristretto)	15±5	15±5
에스프레소 (espresso)	25±5	25±5(30±5)
룽고 (lungo)	40±5	40±5
도피오 (doppio)	25±5	55±5

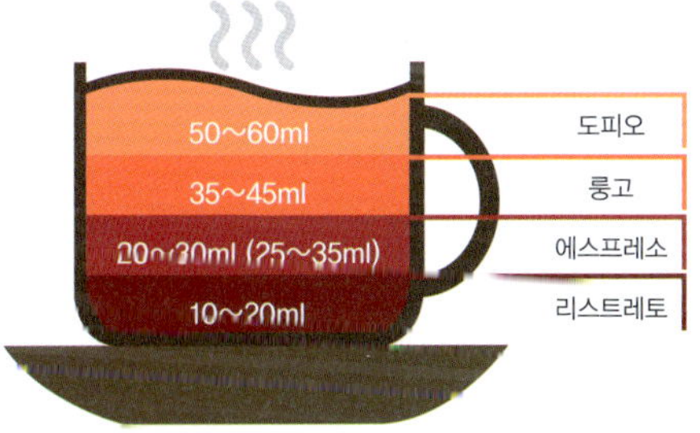

7-13 커피의 양

3) 에스프레소 응용메뉴

(1) 에스프레소 마키아토 Espresso macchiato

마키아토는 이탈리아어로 '얼룩, 흔적'이라는 뜻이다.

만드는 법 잔에 스팀을 곱게 낸 우유거품을 넣은 후, 추출한 에스프레소를 우유거품의 가운데로 가도록 붓는다.

(2) 에스프레소 콘 파냐 Espresso con panna

콘 파냐는 '생크림을 넣다, 혹은 얹다'라는 뜻을 가지고 있다.

만드는 법 추출한 에스프레소에 휘핑크림을 얹는다.

(3) 프레도 Freddo

프레도는 이탈리아어로 '거품이 있는 차가운 음료'를 뜻한다.

만드는 법 셰이커에 얼음을 채운다. 추출한 에스프레소를 넣고, 셰이킹한 후에 잔에 따라낸다.

Tip

프레도와 흡사한 메뉴로 '샤커레토Shakerrato'가 있다. 이 샤커레토는 '흔들다'는 의미로 에스프레소에 설탕시럽 혹은 다양한 맛의 시럽을 첨가하여 얼음을 넣고 셰이킹하여 만든다.

(4) 아메리카노 Americano

뜨거운 물에 추출한 에스프레소를 부어 희석하여 마시는 음료이다.

만드는 법

Hot : 뜨거운 물에 추출한 에스프레소를 넣어준다.

Iced : 잔에 얼음과 물을 채운 후 추출한 에스프레소를 부어준다.

7-14 Hot Americano

7-15 Ice Americano

Tip

1. 잔의 크기에 따라 물의 양과 에스프레소의 양은 달라질 수도 있다.
2. 추출한 에스프레소에 물을 따라도 되지만 크레마의 보존율을 높이기 위해서는 나중에 에스프레소를 넣는 것이 좋다.

(5) 카페라테 Caffe Latte

라테는 '우유'라는 의미를 가지고 있다. 따라서 카페라테는 에스프레소에 우유가 첨가된 음료이다. 카페라테의 경우, 우유거품의 양은 적거나 거의 없기 때문에 커피를 부드럽게 즐길 수 있는 음료이다.

7-16 카페라테

만드는 법

Hot : 추출한 에스프레소에 스팀을 낸 따뜻한 우유를 부어준다.

Iced : 아이스 잔에 얼음과 우유를 채운 후, 추출한 에스프레소를 부어준다.

7-17 카페라테의 거품

7-18 아이스 카페라테

Tip

바닐라, 카라멜 등의 시럽 혹은 소스를 넣어 다양한 맛을 즐길 수 있다.

(6) 카푸치노 Cappuccino

카푸치노는 에스프레소와 폼드밀크formed milk가 어우러진 음료이다. 카푸치노의 경우, 카페라테보다 훨씬 풍성한 거품이 특징이다. 카푸치노 제조 시 에스프레소와 우유, 우유거품의 비율이 중요하다고 볼 수 있다.

만드는 법

Hot : 추출한 에스프레소에 풍성하게 거품을 낸 스팀 우유를 부어준다.

7-19 카푸치노

7-20 카푸치노의 거품

Iced : 잔에 얼음과 우유를 채운 후, 추출한 에스프레소와 풍성하게 낸 우유거품을 부어준다.

7-21 아이스 카푸치노

Tip

1. 카푸치노를 만들 때 에스프레소와 우유, 그리고 우유거품 높이의 비율은 '1 : 1 : 1', 양적인 비율은 '1 : 2 : 3'이라고 보는데 이는 컵이 위로 올라갈수록 넓어지기 때문이다.
2. 카푸치노는 제조방법에 따라 드라이dry 카푸치노와 웻wet 카푸치노로 분류할 수 있다.

(7) 카페모카 Caffe Mocha

에스프레소와 우유에 초콜릿 소스를 첨가하여 달콤하게 즐길 수 있는 커피이다.

Hot : 잔에 초콜릿 소스를 넣고 에스프레소를 추출하여 잘 섞어준다. 그 후에 데운 우유를 넣는다.

Iced : 얼음이 담긴 우유 잔에 추출한 에스프레소와 초콜릿 소스를 잘 섞어서 넣

7-22 카페모카

7-23 아이스 카페모카

어준다.

Tip

완성된 음료에 휘핑크림을 얹거나, 초콜릿파우더 등으로 장식하면 더욱 달콤하게 즐길 수 있다.

(8) 비엔나 커피 vienna coffee

비엔나 커피는 에스프레소에 물을 넣은 후, 그 위에 휘핑크림을 얹은 커피이다. 오스트리아에서는 비엔나 커피와 유사한 메뉴로 '아인슈패너'Ein Spanner가 있다.

만드는 법

Hot : 따뜻한 물에 추출한 에스프레소를 넣고 풍성하게 휘핑크림을 얹는다.

Iced : 아이스 잔에 얼음과 물을 채운 후, 추출한 에스프레소와 휘핑크림을 얹는다.

7-24 비엔나 커피

7-25 아이스 비엔나 커피

Tip

따뜻한 물 대신, 우유를 사용하여 음료를 만들어 부드럽게 즐길 수 있다.

예상 문제

CHAPTER 01

커피의 역사와 문화

01 커피 어원의 변화를 맞게 표현한 것은 무엇인가?
① 카와 → 카페 → 카베 → 커피
② 카와 → 카베 → 카페 → 커피
③ 카베 → 카와 → 카페 → 커피
④ 카페 → 카와 → 카베 → 커피

02 커피의 발견설 중 염소와 관련된 것은 무엇인가?
① 마호메트의 발견설
② 게말레딘의 발견설
③ 오마르의 발견설
④ 칼디의 발견설

03 1720년 이탈리아 베네치아에 개점한 커피하우스는 어디인가?
① 스타벅스
② 르 프로코프
③ 카페 플로리안
④ 카페 레 되 마고

04 유럽의 드립 커피를 도입하여 일본식으로 고안된 드립퍼는 무엇인가?
① 고노 ② 멜리타
③ 클레버 ④ 케멕스

05 터키인들이 즐겨 마시는 커피 이름은 무엇인가?
① 차이 ② 카흐베
③ 체즈베 ④ 칼리타

06 유럽의 커피 문화에 대한 설명으로 맞는 것은 무엇인가?
① 이탈리아에서는 에스프레소를 즐겨 마신다.
② 영국은 차보다 커피를 선호하는 나라이다.
③ 프랑스에서는 나폴레옹이 처음으로 커피를 마셨다.
④ 오스트리아에서 최초로 문을 연 카페는 르 프로코프이다.

07 맥주를 보호하고 커피로 인한 국익의 해외 유출을 막기 위해 1777년 '커피 금지령'을 선포한 나라는 어디인가?
① 오스트리아 ② 프랑스
③ 영국 ④ 독일

08 다음에서 설명하고 있는 커피 문화를 가진 나라는 어디인가?

> • 코나 커피를 생산하고 있다.
> • 1980년경부터 스페셜티 커피를 선호하였다.
> • 중남미의 영향으로 아라비카종 커피를 선호한다.

① 캐나다 ② 브라질
③ 미국 ④ 멕시코

09 다국적 커피 전문점인 스타벅스가 1971년 미국 내 이탈리아 스타일의 커피 전문점을 연 지역은 어디인가?
① 워싱턴 ② 뉴욕
③ 시애틀 ④ 보스턴

10 냄비에 물과 설탕을 넣어 가열하고 끓기 시작하면 커피를 넣어 잘 저은 다음 여과천quador에 걸러 마시는 '카페징요'cafe-zinho를 즐겨 마시는 나라는 어디인가?

① 브라질
② 멕시코
③ 코스타리카
④ 아르헨티나

11 아프리카 커피 문화에 대한 설명으로 맞는 것은 무엇인가?

① 케냐는 최초로 커피나무가 발견된 곳이다.
② 예멘에서 생산된 최고급 아라비카 원두를 모카라고 한다.
③ 에티오피아는 생산된 커피는 초콜릿 향이 강하다.
④ 탄자니아는 커피를 보리, 밀, 병아리콩과 함께 볶아서 마신다.

12 1902년 정동에서 한국 최초로 커피를 판매한 호텔은 어디인가?

① 신라호텔
② 조선호텔
③ 세종호텔
④ 손탁호텔

13 한국에 커피가 소개된 초기에 불리던 커피 명칭이 아닌 것은 무엇인가?

① 가비
② 가배
③ 각탕
④ 양탕국

14 한국의 커피 문화에 대한 설명으로 맞는 것은 무엇인가?

① 일제 강점기에 양탕국이라고 불렀다.
② 한국 초기의 커피 애호가는 고종이다.
③ 일본 부대를 통해 인스턴트커피가 대중화되었다.
④ 2000년에 국내 최초로 인스턴트커피를 생산하였다.

15 커피 성분에 대한 설명으로 맞는 것은 무엇인가?

① 커피는 산지에 따른 성분의 차이가 없다.
② 카페인은 아라비카종에 2% 함유되어 있다.
③ 커피의 시트릭산은 약간 쓰고 떫은맛을 낸다.
④ 커피의 환원당, 캐러멜당은 단맛을 낸다.

16 커피의 성분 중 페놀계 물질인 클로로제닉산은 약간 쓰고 떫은맛을 내며, 하급 커피일수록 함유량이 많다. 이것은 무엇이라 불리는가?

① 페놀
② 타닌
③ 케미컬
④ 블랙빈

17 커피의 효능에 대한 설명으로 맞는 것은 무엇인가?

① 이뇨작용을 억제시킨다.
② 각성 효과를 나타낸다.
③ 위산 분비를 감소시킨다.
④ 심장박동수를 감소시킨다.

18 임신 중인 여성의 하루 카페인 섭취량으로 가장 적절한 것은?

① 300mg ② 500~700mg
③ 800~1,000mg ④ 1,100mg 이상

01-② 02-④ 03-③ 04-① 05-② 06-① 07-④ 08-③ 09-③ 10-①
11-② 12-④ 13-③ 14-② 15-④ 16-② 17-② 18-①

CHAPTER 02

커피의 재배와 가공

01 커피나무에 대한 설명으로 올바르지 않은 것은 무엇인가?

① 커피나무는 꼭두서니과 상록 소교목으로 재배 조건에 따라 6~9m까지도 성장한다.
② 파종 후 3년 후, 우기가 오기 전 개화한 후 2~3일이 지나면 지고 그 자리에 열매가 맺힌다.
③ 커피 열매는 품종에 따라 붉은색, 노란색, 검붉은 보라색으로 익는다.
④ 체리의 단맛이 나는 점액질 상태의 과육을 벗기면 내과피가 나오는데, 이를 파치먼트라 한다.

02 코페아Coffea의 주요 품종 중 코페아 아라비카의 특징은 무엇인가?

① 코페아 아라비카는 전 세계 커피 생산량의 약 98%를 차지하고 있다.
② 코페아 아라비카는 주로 고지대에서 재배되며 풍미가 다양하고 병충해에 강하다.
③ 코페아 카네포라에 비해 카페인 함유량이 1.5배 정도 낮다.
④ 에티오피아의 800m 이하의 저지대에서 생장한 것으로 알려졌다.

03 아라비카 커피의 재배 조건에 대한 설명으로 옳지 않은 것은 무엇인가?

① 배수가 좋고 생육에 필요한 영양분이 풍부한 화산재와 같은 나공질의 토양이 좋다.
② 우기와 건기의 구분이 있는 것이 좋으나, 집중호우와 강풍은 좋지 않다.
③ 경작 고도가 800m 이상, 1,000m 이하인 곳에서 잘 자란다.
④ 서리가 내리지 않으며 연간 20~28℃의 기온이 유지되는 고지대일수록 좋다.

04 커피를 수확하는 방법 중 스트리핑에 대한 설명으로 옳은 것은 무엇인가?

① 농장의 인부들이 잘 익은 열매를 골라 하나하나 따면서 수확한다.
② 노동력과 시간이 많이 소모되는 단점이 있다.
③ 익은 열매와 덜 익은 열매가 함께 수확되어 커피의 품질이 떨어질 수 있다.
④ 여러 개의 봉으로 한 가지를 털어내는 방법이다.

05 생두를 얻기 위해서 다양한 가공 방법들이 존재한다. 그중 내추럴 가공의 특징에 대한 설명으로 옳지 않은 것은 무엇인가?

① 이 방법으로 가공된 커피는 자연스러운 과일의 느낌을 지니며, 바디감이 충분하다.
② 외과피를 먼저 벗겨낸 후 발효과정을 거쳐 물로 씻은 다음 건조시키는 가공 방식이다.
③ 물이 많이 필요하지 않기 때문에 건조한 지역에서 주로 사용한다.
④ 가공 시간과 노동력의 소모가 비교적 큰 방식이다.

06 워시드 가공 방법의 설명 중 올바르게 짝지어진 것은 무엇인가?

ㄱ. 수확한 열매의 껍질을 벗겨 물에 바로 세척한다.
ㄴ. 파치먼트 상태로 파티오 혹은 기계에서 충분히 건조시킨다.
ㄷ. 파치먼트 상태를 벗겨내는 과정을 헐링hulling이라 한다.
ㄹ. 워시드 가공 방법은 '수확 → 과육제거 → 세척 → 발효 → 건조 → 탈곡 → 숙성 → 분류 및 포장' 순이다.

① ㄱ, ㄴ
② ㄱ, ㄹ
③ ㄴ, ㄷ
④ ㄴ, ㄷ, ㄹ

07 워시드 가공 방법 중에는 폴리싱 과정이 추가되기도 한다. 이는 무엇을 위한 과정인가?

① 생두에 붙어 있는 은피를 벗겨내는 과정이다.
② 점액질로 덮여 있는 파치먼트를 깨끗하게 해 주는 과정이다.
③ 미생물이 증식하기 어려운 상태로 수분 함유량을 낮춰 주는 과정이다.
④ 커피의 과육을 제거해 주는 과정이다.

08 커피나무가 녹병에 걸리면 수확량이 감소하고, 성장 방해 및 죽음에까지 이르게 되는데, 커피 농가에서는 이를 방지하기 위해 아라비카와 로부스타의 혼합 교배종을 만들었다. 이 품종의 이름은 무엇인가?

① HdT
② Mundo Novo
③ SL28
④ Catimor

09 커피산업이 발전함에 따라 경제적 이득뿐만 아니라, 환경과 조화를 이루고 커피를 재배하는 이들의 처우 개선 등 사회적 환원에 힘쓰며 커피를 생산하는 산업을 무엇이라 지칭하는가?

① Shading Coffee
② Sustainable Coffee
③ Fair Trade Coffee
④ Specialty Coffee of America Associate

10 위에서 지칭하는 산업에 해당하는 인증제도 중에서 생물 종의 다양성을 지키기 위해 실행하는 방법과 관계없는 것은 무엇인가?

① Fair Trade Certified
② Shading Grown
③ Bird Friendly
④ Rain Forest Alliance

11 생두에 관한 설명으로 틀린것은 무엇인가?

① 생두의 수분함량은 가공과정을 거쳐 일반적으로 10~13%를 유지한다.
② 커피체리에 한 개의 동그란 생두가 들어 있는 경우가 있는데 이를 피베리peaberry라 한다.
③ 생두 보관 시 수분함량의 유지를 위해 습도와 온도가 적정한 곳에 보관하는 것이 좋다.
④ 미성숙한 생두가 로스팅이 되면 퀘이커로 분류되며 이는 고급커피에서만 나온다.

12 커피의 맛과 향에 영향을 주는 결점두 중 가장 영향력이 적은 것은 무엇인가?

① Black Bean
② Sour Bean
③ Insect damage Bean
④ Parchment

서술형

13 커피가 주로 생산되는 지역의 기후, 토양, 온도, 강수량의 조건에 대하여 서술하시오.

14 커피의 가공방식으로 대표적인 방식에는 내추럴 가공방식과 워시드 가공방식이 있다. 각 방식에 대한 차이점 및 맛과 향에 대한 특징에 대하여 서술하시오.

15 커피 인증제도를 실시하는 목적과 인증제도에 대하여 3가지 이상 서술하시오.

16 디카페인 커피의 제조 방법에 대하여 서술하시오.

17 가공과정을 끝낸 생두는 생산국가의 기준에 따라 여러 등급으로 분류한다. 등급을 분류하는 기준에 대하여 서술하시오.

01–② 02–③ 03–③ 04–③ 05–② 06–③ 07–① 08–① 09–② 10–① 11–④ 12–④

CHAPTER 03

커피의 원산지

01 가공이 끝난 생두는 국가별 기준에 따라 분류된다. 분류 기준이 다른 나라는 어디인가?

① 케냐
② 브라질
③ 콜롬비아
④ 탄자니아

02 다음 설명에 해당되는 국가는 어디인가?

> • 커피산업을 조직적이고 계획적으로 운영하는 데 세계 최고라 할 수 있다.
> • 재배 지역으로는 나리뇨, 메델린, 후일라 등이 있다.
> • 마일드한 커피의 대명사로 중간 정도의 바디감에 균형 잡힌 부드러움을 가지고 있다.

① 에티오피아 ② 케냐
③ 브라질 ④ 콜롬비아

03 커피의 등급을 재배고도에 따라 분류하는 대표적인 국가가 아닌 곳은 어디인가?

① 코스타리카
② 파푸아뉴기니
③ 과테말라
④ 엘살바도르

04 생산지역으로는 코반, 안티구아, 우에우에테낭고 등이 있다. 비옥한 화산재 토양에서 고급 커피를 생산하며, 재배고도에 따라 커피의 등급을 분류하는 국가는 어디인가?

① 온두라스
② 엘살바도르
③ 멕시코
④ 과테말라

05 다음은 아메리카 대륙의 커피 생산국에 관한 설명이다. 잘못 설명한 것은 무엇인가?

① 파나마 – 화산 주변의 재배지들은 고도가 높고 토양이 화산성이며, 최첨단 습식가공 방식을 사용한다.
② 엘살바도르 – 로스 아우솔레스, 라린 등의 지역에서는 마라고지페와 파카스종을 혼합한 파카마라종을 재배한다.
③ 멕시코 – 치아파스에서 생산되는 것이 가장 품질이 좋고, 가장 높은 지대에서 재배된 커피이다.
④ 코스타리카 – 인도네시아 자바 섬에서 가져온 품종을 재배하여 부드러운 바디와 복합적인 과일의 향미를 지닌 자바니카가 생산되고 있다.

06 콜롬비아 커피의 생두 등급은 수프레모, 엑셀소 등으로 나뉜다. 이는 어떤 것을 기준으로 나누는 것인가?

① 커피의 재배고도
② 생두의 크기
③ 결점두의 수
④ 커피 가공 후 진행되는 커핑 점수

07 세계 커피 생산국 중 생산량이 가장 많으며, 대량 생산 체제를 갖추고 있는 나라는 어디인가?

① 콜롬비아 ② 코스타리카
③ 브라질 ④ 케냐

08 다음 중 생산국과 주요 생산지가 올바르게 연결된 것은 무엇인가?

① 엘살바도르 – 안두라
② 코스타리카 – 나리뇨
③ 브라질 – 세하도
④ 케냐 – 린통

09 다음 중 커피 생산국과 대표적인 커피가 틀리게 연결된 것은 무엇인가?

① 콜롬비아 – 나리뇨 수프레모
② 탄자니아 – 킬리만자로 A
③ 인도네시아 – 만델링 G1
④ 코스타리카 – 안티구아 SHB

10 커피의 발원지인 에티오피아에 대한 설명이다 다음 중 옳지 않은 것은 무엇인가?

① 코페아 카네포라 종의 원산지로 잘 알려져 있다.
② 커피 문화가 풍부한 나라로 커피를 직접 로스팅하여 손님에게 손수 대접하는 의식이 있다.
③ 주요 산지는 이르가체페, 하라, 시다모, 리무 등이 있다.
④ 300g의 생두에 결점두가 얼마나 포함되어 있는가에 따라 등급이 결정된다.

11 케냐에 대한 설명으로 다음 중 옳지 않은 것은 무엇인가?

① 정부의 주도로 진보된 기술과 효과적인 조합을 운영하여 질 좋은 커피를 생산한다.
② 생두의 크기에 따라 AA, AB 등의 등급으로 분류한다.
③ 열대과일의 상큼한 신맛과 쓴맛의 균형, 묵직한 바디를 지닌 커피를 생산한다.
④ 주로 수마트라식 가공 방법을 사용한다.

12 인도에서 가장 유명한 커피로 계절풍으로 커피를 건조하여 달콤함과 묵직하고 깊은 바디, 특유의 풍미를 지닌 커피는 무엇인가?

① 카라콜　② 아마렐로
③ 몬순　④ 코피 루왁

13 인도네시아에서는 사향고양이가 잘 익은 체리를 골라 따먹은 후 배설하면 얻을 수 있는 커피를 생산한다. 독특한 향과 맛을 지니며 희소성을 가진 이 커피의 이름은 무엇인가?

① 아마렐로　② 코피 루왁
③ 파카마라　④ 콘삭 커피

14 하와이의 대표 커피로 블루마운틴 커피와 함께 전 세계적인 명성을 지니고 있는 커피는 무엇인가?

① 크리스털 마운틴
② 코나
③ 게이샤
④ 마라고지페

15 커피의 생산국가와 생산지를 바르게 연결하시오.

① 에티오피아 • 　• Ⓐ 블루마운틴
② 과테말라 • 　• Ⓑ 우에우에테낭고
③ 인도네시아 • 　• Ⓒ 따라주
④ 자메이카 • 　• Ⓓ 시다모
⑤ 코스타리카 • 　• Ⓔ 토라자 칼로시

서술형

16 아프리카 지역의 커피 생산국가 중 한 나라를 선택하여 생산지를 두 곳 이상 서술하시오.

17 중미지역의 커피 생산국가 중 세 곳 이상 열거하고 커피 특징에 대해 설명하시오.

18 남미지역의 커피 생산국가 중 세 곳 이상 열거하고 각 생산지별 특징에 대해 서술하시오.

19 인도네시아의 대표적인 커피와 특징에 대해 서술하시오.

01－②　02－④　03－②　04－④　05－④　06－②　07－③　08－③　09－④　10－①
11－④　12－③　13－②　14－②　15－① D, ② B, ③ E, ④ A, ⑤ C

CHAPTER 04

로스팅과 블렌딩

01 생두에 열에너지가 가해지면서 생기는 물리적인 변화와 관련이 없는 것은 무엇인가?

① 생두 표면에 붙어 있던 실버스킨의 분리
② 수분함량과 휘발성분 감소로 인한 원두의 질량 감소
③ 지속적인 가열로 인한 생두 구조의 경화
④ 생두 구조의 형태 변화에 따른 부피 증가

02 로스팅으로 인해 생두는 색상과 향미의 변화가 온다. 그중에서도 커피의 단백질이 당류와 결합하여 갈색의 물질로 변화하는 과정은 무엇인가?

① 캐러멜화
② 메일라드 반응
③ 당의 균질화 과정
④ 열분해 과정

03 로스팅의 대표적인 방식인 직화식 방법에 관한 설명으로 옳은 것은 무엇인가?

① 드럼에 일정하게 구멍이 뚫려 있어 열이 생두에 직접 닿는다.
② 직화식으로 로스팅하면 커피 향미의 부드러움이 도드라진다.
③ 대량생산이 가능하여 대형 로스팅 머신에 주로 사용한다.
④ 대체적으로 안정적인 로스팅이 가능하다.

04 하나의 열원으로 직접가열과 열풍을 통한 가열이 이루어지는 로스팅 방식으로 생두가 고루 팽창되고 부드러운 향미를 만들 수 있는 로스팅 방식은 무엇인가?

① 직화식
② 반열풍식
③ 열풍식
④ 마이크로웨이브식

05 로스팅 정도(SCAA 기준)에 따른 색의 변화와 표면에 대한 설명으로 옳은것은 무엇인가?

① Full City는 Agtron #45에 해당하며 이때 콩의 표면은 마른 상태에서 오일이 보이기 시작한다.
② 로스팅한 원두의 색깔이 밝을수록 Agtron No.가 낮아진다.
③ Cinnamon 정도로 로스팅한 콩의 표면은 말라 있는 상태이나 오일이 보이기 시작한다.
④ 로스팅을 아주 강하게 했을 경우 Agtron #95에 해당되며 Italian 로스팅이라 부르기도 한다.

06 로스팅 정도를 생두를 투입한 순서대로 올바르게 나열한 것은 무엇인가?

① Light → Cinnamon → Medium → High → City → Full City → French → Italian
② Light → Medium → Cinnamon → City → Full City → High → French → Italian
③ Light → Medium → Cinnamon → High → City → Full City → Italian → French
④ Light → Cinnamon → Medium → High → City → Full City → Italian → French

07 로스팅 머신의 구조에서 드럼 내부의 공기 흐름과 열량을 조절하는 장치의 이름은 무엇인가?

① 냉각통 ② 호퍼
③ 댐퍼 ④ 실린더

08 다음은 블렌딩에 관한 설명이다. 다음 중 옳은 것을 모두 고르시오.

① 새로운 맛과 향을 지닌 커피를 만들어 내고자 생두나 원두를 배합하는 과정이다.
② 대부분 등급이 낮은 커피들을 가지고 맛을 좋게 보완하기 위해 블렌딩을 한다.
③ 블렌딩 전 원산지별 커피들이 가진 맛과 향의 특징을 잘 파악해야 한다.
④ 로부스타 품종은 나름대로의 개성이 뚜렷하여 다른 커피와 섞이면 가벼운 신맛을 주로 낸다.

09 2가지 이상의 생두를 섞어 함께 로스팅을 하는 경우에 대한 설명으로 옳지 않은 것은 무엇인가?
① 로스팅 후 원두의 색을 살펴보면 균일하다.
② 재고 부담이 적어서 효율적이다.
③ 로스팅 횟수가 적어지기 때문에 편리하다.
④ 생두의 특성을 최대한 발휘할 수 있다.

10 커피의 맛은 생두에 따라 크게 좌우된다. 로스팅 전 파악하고 있어야 할 것들에 해당되는 것은 무엇인가?

ㄱ. 생두의 조밀도	ㄴ. 수확된 연도
ㄷ. 가공 방법	ㄹ. 생두의 크기
ㅁ. 결점두	

① ㄱ, ㄴ, ㄹ
② ㄱ, ㄷ, ㄹ
③ ㄴ, ㄷ, ㄹ, ㅁ
④ ㄱ, ㄴ, ㄷ, ㅁ

11 로스팅을 하게 되면 커피의 성분은 변화하게 된다. 그중 가장 변화가 적은 성분은 무엇인가?
① 단백질
② 당류
③ 카페인
④ 산

12 원두의 신선도를 유지하기 위한 보관 방법으로 옳지 않은 것은 무엇인가?
① 최대한 원두가 산소와의 접촉을 하지 않도록 만들어 주는 것이 좋다.
② 원두는 수분을 머금고 있는 것이 신선한 상태이므로 습도를 높여 주는 것이 좋다.
③ 그늘진 곳에 밀폐용기에 담아 보관하는 것이 좋다.
④ 분쇄된 커피를 구입하는 것보다 홀빈 상태로 구입하여 추출 직전에 갈아 사용하는 것이 좋다.

13 커피의 쓴맛에 기인하는 성분과 거리가 먼 것은 무엇인가?
① 트리고넬린
② 퀴닉산
③ 클로로겐산
④ 카페인

14 생두에 함유된 성분들은 열에너지에 의해 변화하며 커피의 맛과 향도 변한다. 변화가 일어나는 향의 순서가 바른 것은 무엇인가?
① 달콤한 향 → 신향 → 풋향 → 커피향 → 빵 굽는 향
② 풋향 → 달콤한 향 → 빵 굽는 향 → 커피향
③ 커피향 → 빵 굽는 향 → 달콤한 향 → 풋향
④ 커피향 → 풋향 → 신향 → 달콤한 향 → 빵 굽는 향

15 로스팅 시 일어나는 생두의 변화가 아닌 것은 무엇인가?
① 무게 증가
② 수분함량 감소
③ 부피 증가
④ 색상의 변화

서술형

16 로스팅 과정 시 일어나는 생두의 변화에 대해 서술하시오.

17 로스팅 과정 중 일어나는 색과 향미 변화에 대해 서술하시오.

18 로스팅 과정 중 일어나는 생두의 부피와 무게 변화에 대해 서술하시오.

19 로스팅이 진행되면서 이루어지는 향미 변화에 대해 서술하시오.

20 로스팅 정도(SCAA기준)에 따른 색의 변화와 표면의 특징에 대해 서술하시오.

21 로스팅 머신의 방식과 각각의 특징에 대해 서술하시오.

22 로스팅을 하기 전 고려해야 할 사항들을 서술하시오.

23 블렌딩 방법에 대해 열거하고 그 특징들을 설명하시오.

24 로스팅 시 일어나는 갈변에 영향을 미치는 반응들에 대해 서술하시오.

25 커피의 신맛, 단맛, 쓴맛은 어떤 성분에 의해 생성되는지 서술하시오.

01-③ 02-② 03-① 04-② 05-① 06-① 07-③ 08-①, ③ 09-④ 10-④
11-③ 12-② 13-③ 14-② 15-①

CHAPTER 05

커핑

01 커피를 맛보는 행위를 통하여 커피의 맛과 향을 평가하는 과정은 무엇인가?
① 로스팅
② 블렌딩
③ 추출
④ 커핑

02 커피의 향미를 객관적으로 평가하여 커피의 등급을 결정하고, 커피의 품질을 평가하는 사람들을 무엇이라고 부르는가?
① 바리스타
② 소물리에
③ 푸드코디네이터
④ 커퍼

03 커핑의 목적은 무엇인가?
① 커피가 지닌 고유의 향미를 확인하기 위한 것으로 커핑 작업을 통해 일반 커피가 가지고 있는 고유한 향미를 구분할 수 있게 된다.
② 커피가 지닌 고유의 향미를 확인하기 위한 것으로 커핑 작업을 통해 일반 커피와 차별화된 스페셜티 커피가 가지고 있는 고유한 향미를 구분할 수 있게 된다.
③ 커피가 지닌 고유의 향미를 확인하기 위한 것으로 커핑 작업을 통해 일반 커피가 가지고 있는 고유한 블렌딩을 구분할 수 있게 된다.
④ 커피가 지닌 고유의 향미를 확인하기 위한 것으로 커핑 작업을 통해 일반 커피와 차별화된 스페셜티 커피가 가지고 있는 고유한 블렌딩을 구분할 수 있게 된다.

04 커피가 지닌 맛과 향은 커피나무의 성장 과정에서 만들어지고 무엇에 의하여 발현되는가?
① 로스팅 ② 블렌딩
③ 커핑 ④ 드립

05 커피의 맛은 추출을 통해 나온 수용성·비수용성 물질들이 미각세포를 자극하면서 나타나며, 향은 기체 상태로 무엇을 자극하여 인지되는가?
① 미각세포 ② 후각세포
③ 시각세포 ④ 청각세포

06 커피의 지질과 섬유질을 이루는 입자들은 물에 녹지 않기 때문에 입안의 촉각으로 느낄 수 있다. 이러한 음료의 기름기, 커피콩의 섬유질을 이루는 미세한 입자, 음료의 점성 등 커피에서 느껴지는 질감을 무엇이라고 부르는가?
① 밸런스 balance
② 애프터 테이스트 after taste
③ 바디 body
④ 플래버 flavor

07 결점두가 거의 없는 스페셜티 커피의 경우에는 커피가 지니고 있는 특별한 향미를 찾기 위하여 무엇을 하는가?
① 커핑 ② 블렌딩
③ 로스팅 ④ 드립

08 SCAA의 엄격한 평가에 따라 80점 이상의 커핑 총 점수를 얻게 된 커피를 무엇이라 하는가?
① 블렌딩 커피
② 코모디티 커피
③ 커머셜 커피
④ 로스팅 커피

09 커피가 가지고 있는 기본적인 4가지의 맛은 무엇인가?
① 단맛, 짠맛, 신맛, 매운맛
② 단맛, 짠맛, 매운맛
③ 단맛, 짠맛, 신맛
④ 단맛, 짠맛, 신맛, 쓴맛

10 커핑을 위한 생두는 로스팅한 후 몇 시간이 지난 다음 커핑을 실시할 수 있는가?
① 8~24시간 ② 5~15간
③ 4~13시간 ④ 2~10시간

11 커핑을 하기 위한 생두의 로스팅 시간은 몇 분으로 하는 것이 적정한가?

① 최소 5분에서 최대 10분 이내
② 최소 8분에서 최대 12분 이내
③ 최소 10분에서 최대 15분 이내
④ 최소 12분에서 최대 17분 이내

12 원두 샘플은 커핑 직전에 페이퍼드립용의 표준적인 굵기보다 약간 거칠게 분쇄한 다음
몇 분 이내에 커핑을 시작하는 것이 좋은가?

① 5분 이내 ② 10분 이내
③ 15분 이내 ④ 20분 이내

13 커핑할 때 물과 커피의 이상적인 비율은 물 150ml에 커피 몇 g을 기준으로 하는가?

① 8.25g ② 8g
③ 7.5g ④ 7g

14 커핑 순서에서 분쇄 원두가 담긴 컵을 가볍게 흔들면서 코 가까이에 대고 가루에서 나는 향을 들이마신 다음 가루상태의 무엇을 평가하는가?

① 달콤함 sweetness
② 산미 acidity
③ 향 fragrance
④ 밸런스 balance

15 커핑 순서에서 93℃의 물을 커피가 골고루 적셔지도록 컵에 가득 붓고 향을 맡은 후 커피가루가 젖었을 때 느껴지는 무엇을 찾아내는가?

① 산미 acidity
② 달콤함 sweetness
③ 밸런스 balance
④ 향 aroma

16 커핑 과정에서 물을 부은 후 4분이 경과되면, 커핑 스푼을 이용해 커피 가루와 거품을 밀어내면서 향기를 맡는다. 이 과정을 무엇이라 하는가?

① 흡입
② 브레이킹
③ 향 평가
④ 애프터 테이스트 평가

17 브레이킹 평가가 끝난 후 커피 표면에 떠 있는 거품을 걷어낸 다음 커피의 온도가 65~71℃ 내외로 떨어지면 커피를 입안으로 분사하듯이 흡입(슬러핑 sluping)해 평가하는 것은 무엇인가?

① 커피의 품종
② 커피의 결점두 수
③ 커피가 담긴 컵의 적절성
④ 커피 향미의 다양성, 풍부함과 신맛, 바디감과 밸런스

18 커피의 온도가 낮아지면서 변화되는 맛과 향을 인지하기 위하여 한 샘플당 최소 몇 회의 평가를 진행하는 것이 적절한가?

① 1회
② 3회
③ 5회
④ 7회

19 스페셜티 커피란 커핑 평가의 결과 몇 점이 넘는 커피를 뜻하는가?

① 80점
② 70점
③ 60점
④ 50점

20 커핑의 주요 표현에서 커피의 향과 맛의 복합적인 평가 항목으로 커피의 전체적인 풍미를 의미하는 것은 무엇인가?

① 애프터테이스트 aftertaste
② 밸런스 balance
③ 오버럴 overall
④ 플레이버 flavor

21 커핑의 주요 표현에서 커피를 삼키고 난 후 입안에 남는 여운을 의미하는 것은 무엇인가?

① 바디 body
② 달콤함 sweetness
③ 애프터테이스트 aftertaste
④ 플레이버 flavor

22 커핑의 주요 표현에서 커피에 섞여 있는 결점두에 대한 평가 항목으로 커피 자체의 깔끔함을 평가하는 표현은 무엇인가?
① 밸런스 balance
② 디펙트 defects
③ 클린컵 clean cup(cleanliness)
④ 오버럴 overall

23 커핑의 주요 표현에서 해당 커피의 느낌에 대한 주관적인 평가 항목은 무엇인가?
① 디펙트 defects
② 오버럴 overall
③ 클린컵 clean cup
④ 밸런스 balance

24 커핑의 주요 표현에서 커피의 품질을 저하시키고, 부정적인 느낌과 좋지 않은 향미를 주는 경우는 무엇이라 하는가?
① 클린컵 clean cup
② 산미 acidity
③ 밸런스 balance
④ 디펙트 defects

25 디펙트에서 taint는 약하게 느껴지는 부정적인 향미로 벌점 몇 점을 받는가?
① 2점 ② 4점
③ 6점 ④ 8점

26 디펙트에서 fault는 강하게 느껴지는 부정적인 향미로 벌점 몇 점을 받는가?
① 1점 ② 4점
③ 6점 ④ 8점

27 커피의 생장과 가공 그리고 로스팅 과정에서 발생될 수 있는 주요 향기 36가지를 용액으로 만들어 커피를 공부하는 사람들을 돕는 도구는 무엇인가?
① 아로마 스킬
② 아로마 큐브
③ 아로마 페이퍼
④ 아로마 키트

28 아로마 키트에 의한 분류 항목에서 커피의 성장과정에서 생성되는 휘발성이 강한 향기는 무엇인가?
① 드라이 디스틸레이션 Dry distillation
② 슈거브라우닝 Sugar browning
③ 엔자이메틱 Enzymatic
④ 아로매틱 테인트 Aromatic taint

29 아로마 키트에 의한 분류 항목에서 로스팅 과정 중 당의 갈변반응 결과로 형성되는 향은 무엇인가?
① 아로매틱 테인트 Aromatic taint
② 드라이 디스틸레이션 Dry distillation
③ 슈거브라우닝 Sugar browning
④ 스위트 디스틸레이션 Sweet distillation

30 아로마 키트에 의한 분류 항목에서 로스팅 과정에서 콩에 가해지는 열 때문에 일어나는 건류 현상에 의해 발생하는 황화합물군으로 생두 섬유질의 건열로 인해 형성되는 맛과 향은 무엇인가?
① 아로매틱 테인트 Aromatic taint
② 드라이 디스틸레이션 Dry distillation
③ 슈거브라우닝 Sugar browning
④ 스위트 디스틸레이션 Sweet distillation

01–④	02–④	03–②	04–①	05–②	06–③	07–①	08–③	09–④	10–①
11–②	12–③	13–①	14–③	15–④	16–②	17–④	18–②	19–①	20–④
21–③	22–③	23–②	24–④	25–①	26–②	27–④	28–③	29–③	30–②

CHAPTER 06

커피의 추출

01 커피 추출방법의 기본적인 공통점 세 단계 과정이 아닌 것은 무엇인가?

① 뜨거운 물이 분쇄된 커피입자 속으로 스며들어 가용성 성분을 용해한다.
② 용해된 성분들이 커피입자 밖으로 용출된다.
③ 커피입자 내부에 남아 있는 가용성 성분의 농도와 용출된 가용성 성분이 녹아 있는 물의 농도가 같아진다.
④ 커피입자의 모든 내부 성분이 물 밖으로 용해되도록 압력을 가한다.

02 좋은 기피를 추출하기 위한 조건과 거리가 먼 것은 무엇인가?

① 신선한 원두
② 추출 방법에 알맞은 분쇄
③ 커피의 품종
④ 온도와 추출시간에 대한 조건

03 다음 커피의 추출방법은 무엇인가?

> 끓인 물에 분쇄된 커피 가루를 넣고 짧은 시간 동안 끓인 후 커피 가루를 침전시키고 위에 떠 있는 커피를 마시는 방법으로, 터키 커피가 대표적이다.

① 달임법 ② 우려내기
③ 여과법 ④ 가압추출법

04 다음 커피의 추출방법은 무엇인가?

> 분쇄된 커피 가루에 뜨거운 물을 붓고 기다리면서 커피액이 용해되어 나오게 하는 방법으로 프렌치 프레스를 이용한 커피가 대표적이다.

① 달임법 ② 우려내기
③ 여과법 ④ 가압추출법

05 다음 커피의 추출방법은 무엇인가?

> 여과용 필터에 분쇄된 커피 가루를 넣고 그 위에 뜨거운 물을 부어 커피액을 추출하고, 이렇게 추출된 커피액이 밑의 용기로 떨어지게 하는 방법으로, 가정에서 흔히 사용하는 전기식 커피메이커와 드립퍼dripper를 이용한 핸드드립hand drip 커피가 대표적이다.

① 달임법 ② 우려내기
③ 여과법 ④ 가압추출법

06 다음 커피의 추출방법은 무엇인가?

> 분쇄된 커피 가루에 뜨거운 물로 압력을 가하여 통과시켜서 커피액이 용해되어 나오게 하는 방법으로 에스프레소 커피가 대표적이다.

① 달임법
② 우려내기
③ 여과법
④ 가압추출법

07 다음 중 원두의 분쇄 목적은 무엇인가?

① 커피 원두를 잘게 부수어 표면적을 넓혀 고형 성분이 쉽게 추출되기 위해서이다.
② 커피 원두를 잘게 부수어 커피의 맛만을 질게 내기 위해서이다.
③ 커피 원두를 잘게 부수어 커피의 향만을 추출하기 위해서이다.
④ 커피 원두를 잘게 부수어 표면적을 넓혀 맛을 향보다 더 많이 추출하기 위해서이다.

08 커피 원두의 가치를 최대한 살려내기 위한 바람직한 커피 분쇄방법이 아닌 것은 무엇인가?

① 추출방법에 알맞은 분도를 선택
② 분쇄 커피에 섞여 있는 커피 껍질인 은피를 가능한 한 많이 포함시킴
③ 선택된 분도에 따라 분쇄된 커피입자의 크기가 고른 분도 유지
④ 분쇄과정에서 발열과 미분의 최소화

09 커피의 원두 분쇄의 역사를 순서대로 바르게 나열한 것은 무엇인가?

① 맷돌과 비슷한 톱날 이용 분쇄기 → 절구에 넣고 빻기 → 가는 방식 수동 커피밀 → 모터 장착한 전동식 커피 그라인더
② 절구에 넣고 빻기 → 가는 방식 수동 커피밀 → 맷돌과 비슷한 톱날 이용 분쇄기 → 모터 장착한 전동식 커피 그라인더
③ 절구에 넣고 빻기 → 맷돌과 비슷한 톱날 이용 분쇄기 → 모터 장착한 전동식 커피 그라인더 → 가는 방식 수동 커피밀
④ 절구에 넣고 빻기 → 맷돌과 비슷한 톱날 이용 분쇄기 → 가는 방식 수동 커피밀 → 모터 장착한 전동식 커피 그라인더

10 다음 중 커피 분쇄 시 고른 분도를 가장 잘 유지할 수 있는 원두 분쇄기는 무엇인가?

① 절구에 넣고 빻기 ② 맷돌
③ 전동식 커피 그라인더 ④ 수동식 커피밀

11 다음 설명에 알맞은 커피 그라인더는 무엇인가?

> 주로 가정에서 사용되며, 프로펠러 모양의 두 개의 칼날이 회전하여 분쇄하는 방식이다. 가격이 저렴하나 분쇄입자가 고르지 않고, 입자 크기 조절이 어려우며 청소 또한 번거롭다.

① 칼날형 그라인더 ② 원뿔형 그라인더
③ 평면형 그라인더 ④ 롤형 그라인더

12 다음 설명에 알맞은 커피 그라인더는 무엇인가?

> 회전수가 적어 열 발생이 적으나 분쇄속도가 느리며, 수동식과 전동식에 모두 사용된다. 커피가 으깨지는 방식으로 많은 양을 분쇄하기에는 어려운 편이다. 조절나사를 조정하여 입자 크기의 조정이 가능하다.

① 칼날형 그라인더 ② 원뿔형 그라인더
③ 평면형 그라인더 ④ 롤형 그라인더

13 다음 설명에 알맞은 커피 그라인더는 무엇인가?

> 버라고 부르는 두 개의 금속판 사이에서 커피가 분쇄되는 방식으로, 입자 조절 스위치를 조절하여 다양한 굵기의 분쇄가 가능하다. 드립용은 맷돌처럼 으깨며, 에스프레소용은 커팅으로 미세하게 절단하는 방식이다.

① 칼날형 그라인더
② 원뿔형 그라인더
③ 평면형 그라인더
④ 롤형 그라인더

14 다음 설명에 알맞은 커피 그라인더는 무엇인가?

> 산업용으로 주로 사용된다. 서로 반대로 회전하는 홈이 파인 두 개의 실린더로 분쇄하는 방식이며, 가장 균일한 커피입자를 얻을 수 있다.

① 칼날형 그라인더
② 원뿔형 그라인더
③ 평면형 그라인더
④ 롤형 그라인더

15 다음은 무엇에 관한 설명인가?

> 커피 원두를 분쇄할 때 생기는 커피 먼지로, 그라인더의 성능과 관계있다. 커피 원두를 분쇄할 때 원두에 가해지는 강한 충격으로 미분이 발생하며 상당량은 분쇄된 커피와 함께 배출되어 부정적인 커피 맛의 원인이 된다. 배출되지 못한 (   )은 그대로 커피 분쇄기 안에 남아, 산패酸敗로 인해 새로운 커피 원두를 분쇄할 때 새 커피입자와 함께 배출되어 커피의 맛과 향에 부정적인 영향을 끼친다.

① 원두
② 산패
③ 미분
④ 은피

16 다음은 무엇에 관한 설명인가?

> 커피껍질로 쓰고도 떫은 불쾌한 맛을 내어 커피 맛에 부정적인 영향을 끼친다. 기계 내부에 남아 분쇄된 커피와 함께 뒤섞여 처리가 용이하지 않다. 정전기에 약하므로 큰 플라스틱 통에 넣고 뚜껑을 닫은 후 통째로 흔들어주면 전기를 띠게 되는 대전현상에 의해 통 내부 벽에 달라붙거나 분쇄 커피 표면 위로 올라오게 되어 어느 정도 제거가 가능하다.

① 원두
② 산패
③ 미분
④ 은피

17 다음은 무엇에 관한 설명인가?

> 유기물이 공기 속의 산소, 빛, 열, 세균, 효소 등의 작용에 의해 산화되어 여러 산화물을 생성하는 현상으로, 커피의 맛과 색이 변하고 불쾌한 냄새가 난다.

① 원두　② 산패
③ 미분　④ 은피

18 커피 원두의 분쇄 시기에 대해 바른 것은 무엇인가?

① 추출 1주일 전
② 추출 바로 직전
③ 추출 하루 전
④ 추출 1시간 전

19 다음 커피 추출 시 변수에 대한 설명으로 옳은 것은 무엇인가?

① 분쇄에서는 입자가 가늘수록 커피 추출이 늦어 길은 커피가 된다.
② 추출시간이 짧을수록 성분 추출이 많아 바디감이 무겁고, 신맛보다 쓴맛이 많아진다.
③ 추출시간이 짧을수록 바디감이 가볍다.
④ 커피의 양은 적으면 진한 맛이 나고 많으면 연한 맛이 난다.

20 다음 설명 중 잘못된 것은 무엇인가?

① 1인분 양은 일반적으로 중간 굵기로 분쇄한 커피 15g을 120ml로 추출한 것으로 알려져 있다.
② 물의 온도는 높을수록 성분 추출이 빨라지기 때문에 온도가 낮을 때는 추출시간을 길게 해야 한다.
③ 80~85℃가 일반적으로 가장 적당한 온도로 알려져 있다.
④ 같은 온도에서도 추출시간이 길거나, 추출시간이 같더라도 물의 온도가 높으면 맛이 강해진다.

21 커피 추출 시 사용되는 물에 대해 잘못 설명한 것은 무엇인가?

① 커피음료는 99%가 물이고, 나머지 1%가 커피 원두에 포함되어 있는 여러 물질이다.
② 커피에 사용되는 물은 타닌, 철분, 염소 성분이 가능한 한 많이 포함된 신선한 물을 100℃까지 끓인 후 적당한 온도로 식힌 후 사용하며, 한 번 끓인 물을 다시 끓여 사용하면 커피 맛이 감소한다.
③ 커피 추출에 사용되는 물은 경수와 연수 중 연수를 사용하며 수돗물은 연수이지만 소독 과정에 사용된 염소의 강한 냄새가 나기 때문에 언제나 충분히 끓여서 냄새를 휘발시킨 후 사용해야 한다.
④ 수돗물 사용 시 연수기를 설치하면 수도관 속의 이물질이나 석회 성분으로 인한 석회 스케일이 완전히 제거될 수는 없지만 커피 맛이 저하를 해결할 수 있다.

22 다음 중 핸드드립 도구가 아닌 것은 무엇인가?

① 드립퍼
② 포타필터
③ 서버
④ 드립포트

23 다음 핸드드립 추출방법을 순서대로 번호를 써 넣으시오.

① 물의 온도 낮추기
② 원두를 분쇄하여 드립퍼에 넣기
③ 추출
④ 드립퍼에 종이필터를 끼우기
⑤ 물을 끓여 드립포트에 붓기
⑥ 뜸들이기

24 다음 설명의 커피 추출 방법은 무엇인가?

> 이 추출의 제조사는 독일로 서브의 구멍이 하나로 드립퍼 안에 물이 머무는 시간이 길어 커피의 바디감이 무겁고 맛이 강하다. 서브의 경사가 가파르고 리브가 끝까지 있어 물 빠짐이 일정하지만 추출시간이 길어지면 좋지 않은 쓴맛을 낼 수 있다. 배전도 중간 이상의 커피에 알맞다.

① 멜리타 추출
② 칼리타 추출
③ 고노 추출
④ 하리오 추출

25 다음 설명의 커피 추출방법은 무엇인가?

> 이 추출의 제조사는 일본으로 커피가 물에 잠기기 전에 추출이 함께 일어나는 방식이다. 추출구가 바닥에 3개 뚫려 있다. 드립퍼의 각도가 완만하며 리브가 길고 간격이 넓어, 커피 맛이 안정적이며 부드러운 맛을 낸다. 바디감보다는 산뜻한 신맛을 위한 서버로 약한 배전도 커피에 좋다.

① 멜리타 추출
② 칼리타 추출
③ 고노 추출
④ 하리오 추출

26 다음 설명의 커피 추출방법은 무엇인가?

> 일본 제조사로 중앙에 구멍이 하나인 원추형이다. 이 추출기구의 리브는 중간에서 시작하며 다른 드립방식보다 바디감이 좋고 감칠맛이 좋아 커피를 가장 맛있게 추출하는 드립퍼로 알려졌다. 천천히 내리면 더욱더 섬세하고 바디감이 좋은 맛을 낼 수 있다.

① 멜리타 추출
② 칼리타 추출
③ 고노 추출
④ 하리오 추출

27 다음 설명의 커피 추출방법은 무엇인가?

> 일본 제조사로 이 추출기구는 리브가 나선형으로 끝까지 형성되어 있어 부드러운 추출을 도와준다. 추출구의 크기가 조금 크고 바디감은 약간 떨어진다. 물줄기의 조절에 따라 융드립 같은 바디감을 맛볼 수 있다. 배전도가 비교적 강한 커피에 사용되며 물줄기를 섬세하게 다룰 수 있어야 좋은 추출을 할 수 있다.

① 멜리타 추출
② 칼리타 추출
③ 고노 추출
④ 하리오 추출

28 다음 설명의 커피 추출방법은 무엇인가?

> 핸드드립 중 가장 부드러운 커피를 추출할 수 있다. 지방 성분이 천을 통과해 지방 성분 특유의 향미를 지닌 바디감을 준다.

① 융 추출
② 케멕스 추출
③ 진공 여과 추출
④ 더치커피 추출

29 다음 설명의 커피 추출방법은 무엇인가?

> 1941년 독일의 화학자 쉴럼본Peter Schlumbihm에 의해 발명된 실험실의 비커를 닮은 도구이다. 세련된 디자인과 과학적 기능을 가진 드립 방식 중 하나이다. 나른 추출도구의 종이필터에 비해 무거운 편인 이 추출도구의 필터는 커피의 나쁜 맛을 제거한다. 원하는 추출 성분만을 우려내어 커피의 바디감을 높이기 위해 추출시간을 일정하게 유지시키는 독특한 제품이다.

① 융 추출
② 케멕스 추출
③ 진공 여과 추출
④ 더치커피 추출

30 다음 설명의 커피 추출방법은 무엇인가?

> 이 추출방식은 다른 핸드드립에 비해 물의 온도변화, 물 주입 속도 등을 임의로 할 수 없어 오히려 플러스 요인이 되어 맛의 안정화 측면에 유리하고, 깔끔하면서 풍부한 향을 느낄 수 있다. 특히 화려한 연출효과가 있는 추출방법이다.

① 융 추출
② 케멕스 추출
③ 진공 여과 추출
④ 더치커피 추출

31 다음 설명의 커피 추출방법은 무엇인가?

> 위쪽에 커피 여과기, 아래쪽에 저장 용기를 가진 커피포트를 사용해 찬물에 의해 추출하므로 장시간을 필요로 하지만, 높은 농도와 향을 보유할 수 있다.

① 융 추출
② 케멕스 추출
③ 진공 여과 추출
④ 더치커피 추출

32 다음 설명의 커피 추출방법은 무엇인가?

> 프레스 포트press pot, 커피 프레스coffee press, 커피 플런저coffee plunger라고도 부른다. 다른 기구에 비해 심플한 방법이지만 분쇄도, 온도, 접촉시간 등을 조절하며 커피를 만들 수 있는 장점이 있다.

① 프렌치 프레스 추출
② 모카포트 추출
③ 핀 추출
④ 체즈베 추출

33 다음 설명의 커피추출 방법은 무엇인가?

> 하단 포트의 물을 가열하면 수증기가 생기고, 수증기의 힘에 의해 물이 필터 바스켓의 관을 따라 위로 올라가게 된다. 바스켓에 담겨 있는 커피 가루를 통과하면서 커피 성분이 추출된다.

① 프렌치 프레스 추출
② 모카포트 추출
③ 핀 추출
④ 체즈베 추출

34 다음 설명의 커피추출 방법은 무엇인가?

> 베트남 커피기구이다. 일반적으로 연유를 컵에 부은 다음 이 추출기구를 컵에 올려놓고 커피 가루를 담아 뜨거운 물을 부어 추출한다.

① 프렌치 프레스 추출
② 모카포트 추출
③ 핀 추출
④ 체즈베 추출

35 다음 설명의 커피 추출방법은 무엇인가?

> 터키 등지에서 쓰이는 달임 방식으로 이 추출 도구나 이브릭으로 불리는 긴 손잡이가 달린 작은 금속용기에 한 잔 분량의 물을 부어, 살짝 볶아 밀가루처럼 곱게 분쇄한 원두를 넣고 설탕을 넣는다. 이 도구를 중불에 올려 커피가 끓어 넘치면 스푼으로 커피를 휘저어 주며, 끓어 넘치기를 두세 번 반복하여, 커피 찌꺼기를 바닥에 완전히 가라앉힌 후 마신다.

① 프렌치 프레스 추출
② 모카포트 추출
③ 핀 추출
④ 체즈베 추출

36 다음 설명의 커피 추출방법은 무엇인가?

> 최근 가정용으로 각광받고 있는 에스프레소 기기 중의 하나이다. 이 추출 머신을 사용한 커피는 높은 밀도감과 훌륭한 크레마의 연출이 가능한 장점이 있다. 사용되는 커피가 밀봉된 용기 안에 있어 신선하게 그라인딩된 커피의 휘발성 아로마의 산화를 방지하여, 최고의 커피 가루 상태를 유지해 준다. 최대 19기압으로 작동하는 추출시스템이 내장된 것도 있다.

① 캡슐 커피 추출
② 클레버 추출
③ 에어로 프레스 추출
④ 파드 커피 추출

37 다음 설명의 커피 추출방법은 무엇인가?

> 외관은 기존 핸드드립에 사용되는 드립퍼와 크게 다르지 않다. 프렌치 프레스처럼 침출식으로 추출되기 때문에 추출 중 온도 저하를 막기 위해 일반 드립퍼보다 두껍다. 다른 드립퍼와 달리 바닥 내부에 개폐식의 밸브가 부착되어 있다. 프렌치 프레스와 페이퍼 드립의 중간 형태를 취하고 있어 프렌치 프레스 커피의 향미를 풍부하게 해주는 장점과 핸드드립의 준비시간 부담을 덜은 추출기구이다.

① 캡슐 커피 추출
② 클레버 추출
③ 에어로 프레스 추출
④ 파드 커피 추출

38 다음 설명의 커피 추출방법을 골라 번호를 써 넣으시오.

> 이 추출기구는 미국회사인 에어로비 사가 2005년 발명한 커피를 물에 완전히 적신 상태로 추출하는 토탈 이머전 방식의 휴대용 공기압 추출 커피메이커이다. 국내에는 2007년 처음 소개되어 현재 많은 카페에서 사용되고 있다. 프렌치 프레스와 멜리타 드립퍼를 결합한 형태의 추출도구로 각각의 장점을 살리고, 단점은 개량하여 보다 깔끔하면서도 부드럽고 풍부한 향미의 커피가 추출된다. 페이퍼 마이크로 필터를 사용하여 일반 핸드드립 커피의 경우보다 더 고운 분쇄커피를 사용할 수 있으며, 미분이나 침전물이 발생하지 않아 과다 추출이 일어나지 않고 깔끔한 커피가 만들어진다.

① 캡슐 커피 추출　② 클레버 추출
③ 에어로 프레스 추출　④ 파드 커피 추출

01 – ④	02 – ③	03 – ①	04 – ②	05 – ③	06 – ④	07 – ①	08 – ②	09 – ④	10 – ③
11 – ①	12 – ②	13 – ③	14 – ④	15 – ③	16 – ④	17 – ②	18 – ②	19 – ①	20 – ②
21 – ①	22 – ②	23 – ④, ②, ⑤, ①, ⑥, ③	24 – ①	25 – ②	26 – ③	27 – ④	28 – ①	29 – ②	
30 – ③	31 – ④	32 – ①	33 – ②	34 – ③	35 – ④	36 – ①	37 – ②	38 – ③	

CHAPTER 07

에스프레소

01 다음은 에스프레소의 4대 조건에 해당하는 설명이다. 올바르지 않은 것은 무엇인가?

① 그라인더Mecinadosatora : 커피가 물에 닿는 접촉면을 늘려주는 역할을 하며, 일정한 크기로 분쇄하여 균일한 추출이 되도록 하는 것이 좋다.
② 바리스타의 손Mano : 바리스타는 커피를 만드는 것뿐만 아니라 커피와 관련된 전반적인 이해를 가진 사람이다.
③ 에스프레소 머신Macchina Espresso : 일정한 고온 고압의 물을 커피 가루에 통과시켜 추출이 가능하게 한다.
④ 블렌딩Miscela : 개성적인 커피의 맛을 위해 싱글 오리진 커피를 사용하는 것이 일반적이다.

02 에스프레소의 블렌딩에 대한 설명 가운데 틀린 것은 무엇인가?

① 에스프레소는 풍부한 향미와 바디감이 있으면서 전체적으로 맛의 균형이 이루어져야 한다.
② 에스프레소 추출을 위해서는 단종 커피로 추출하여 하나의 특성을 살리는 것이 좋다.
③ 에스프레소 추출 시 커피의 특성상 핸드드립 방법에 사용하는 원두보다 좀 더 숙성기간을 두는 것이 좋다.
④ 무조건 갓 볶은 원두 사용만을 고집할 것이 아니라 상황에 맞게 원두의 상태를 파악하는 것이 중요하다.

03 다음 중 부분 명칭에 해당하지 않는 것은?

① 탬퍼 ② 호퍼
③ 도저 ④ 입자조절 손잡이

04 그라인더 가운데 분쇄된 원두가 담기는 통의 이름은 무엇인가?

① 호퍼 ② 탬퍼
③ 도저 ④ 받침대

05 그라인더 관리법에 대한 설명 중 잘못된 것은?

① 사용이 끝난 그라인더는 언제든 다시 사용하기 쉽도록 전원을 켜 둔다.
② 호퍼와 분리된 그라인더는 남아 있던 원두는 갈아주고, 남은 원두는 솔로 청소한다.
③ 날은 마모도를 파악하여 주기적으로 교체한다.
④ 주기적으로 윗날과 아랫날을 분리하여 솔로 청소한다.

06 에스프레소 머신의 부분 명칭에 대한 설명이 아닌 것은?

① 온수버튼
② 스팀밸브
③ 그룹헤드
④ 호퍼

07 다음 중 좋은 에스프레소의 맛과 향에 대한 설명이 아닌 것은?

① 볶은 견과류와 캐러멜 맛이 난다.
② 초콜릿의 향미가 난다.
③ 신맛이 나고 텁텁한 맛이 난다.
④ 신맛과 단맛, 쓴맛의 균형을 이루고 있다.

08 에스프레소는 분쇄, 담기, 레벨링, 다지기, 추출의 순서로 만들어지는데, 이러한 추출과정을 무엇이라 하는가?

① 팩킹
② 레벨링
③ 커핑
④ 로스팅

09 에스프레소를 담는 전용 잔의 이름은 무엇인가?

① 데미타세
② 머그잔
③ 브랙퍼스트컵
④ 커핑잔

10 에스프레소와 추출방법은 동일하나 추출하는 시간을 짧게 하는 것은 무엇인가?

① 룽고 ② 도피오
③ 리스트레토 ④ 더블

11 다음은 어떤 메뉴에 대한 설명인가?

> • 잔에 스팀을 곱게 낸 우유거품을 넣은 다음, 추출한 에스프레소를 우유거품의 가운데로 가도록 붓는다.
> • 이탈리아어로 얼룩, 흔적이라는 뜻이다.

① 에스프레소 마키아토
② 에스프레소 콘파냐
③ 프레도
④ 도피오

12 프레도와 비슷한 메뉴로 에스프레소에 설탕 시럽 혹은 다양한 맛의 시럽을 첨가하여 얼음을 넣고 셰이킹하여 만드는 음료의 이름은?

① 카페라테 ② 샤커레토
③ 아이스 아메리카노 ④ 아이스 카푸치노

13 에스프레소 머신의 발전 단계를 순서대로 나열한 것을 고르시오.

> ㄱ. 피스톤 방식 ㄴ. 진공 여과식
> ㄷ. 증기압 방식 ㄹ. 전동펌프 방식

① ㄱ → ㄴ → ㄷ → ㄹ
② ㄱ → ㄷ → ㄹ → ㄴ
③ ㄴ → ㄷ → ㄱ → ㄹ
④ ㄴ → ㄱ → ㄷ → ㄹ

14 다음 설명과 가장 연관이 깊은 사람은 누구인가?

> • 증기압을 이용, 커피 추출이 가능한 머신을 개발.
> • 커피의 추출이 포트 단위의 대용량이 아닌, 한 잔 혹은 두 잔 분량만 추출이 가능해졌다.
> • 1906년에 밀라노에서 열린 박람회에서 '카페 에스프레소'라고 이름 붙여 커피를 팔기도 했다.

① 루이지 베제라 ② 아킬레 가찌아
③ 에르네스토 발렌테 ④ 로버트 나피어

15 다음 중 피스톤식 머신의 설명과 거리가 먼 것은?

① 에스프레소의 질적인 기준이 되는 크레마의 탄생과 밀접한 관련이 있다.
② 용수철을 이용한 지렛대의 원리를 사용하여 적은 힘으로도 커피 추출이 용이해졌다.
③ 바리스타가 미묘하게 추출 압력을 조정할 수 있다.
④ 기계 내부의 압력이 1.5기압 이상으로 올라가 커피의 잡미도 함께 추출되는 단점이 있다.

16 다음 중 에스프레소의 설명으로 올바른 것은 무엇인가?

① 에스프레소의 크레마는 주로 수용성 성분으로 이루어져 있다.
② 크레마의 두께가 두꺼울수록 품질이 좋은 커피이다.
③ 로스팅된 지 3일 이내의 커피를 사용해야만 한다.
④ 에스프레소는 신맛, 단맛, 쓴맛이 조화롭고 균형이 잘 잡힌 커피를 말한다.

17 에스프레소 추출의 기본 원리에 포함되지 않는 것은?

① 즉석 추출
② 신속 추출
③ 정확 추출
④ 가압 추출

18 다음은 블렌딩에 대한 설명이다. 틀린 것은 무엇인가?

① 2가지 이상의 원두를 혼합하여 밸런스가 좋은 커피를 만들어 낼 수 있다.
② 블렌딩 전 커피가 가진 특징을 잘 파악하는 것이 좋다.
③ 블렌딩 원두는 7시간 이내에 사용하며, 일주일 이상 보관하지 않는다.
④ 원두의 배전도와 보관방법에 따라 숙성 기간은 차이가 날 수 있다.

19 다음 중 에스프레소 패킹 과정의 태핑Tapping에 대한 설명으로 옳은 것은?

① 원두가루를 포타필터 내에 고르게 담는 과정을 말한다.
② 도저레버를 당겨 포타필터 내에 원두를 담는 과정이다.
③ 포타필터 내의 원두를 다져주는 과정이다.
④ 필터 내벽의 원두를 떨어뜨리는 과정이다.

20 다음은 그라인더의 관리법에 관한 설명이다. 옳지 않은 것은 무엇인가?

① 호퍼에 담겨 있는 원두는 다른 곳에 보관한 후, 부드러운 수세미로 세제를 묻혀 닦는다.
② 호퍼 분리 후, 그라인더 내부(날, 도저 등)의 잔여물은 물로 세척한다.
③ 약품으로 청소를 하는 경우 원두를 다시 충분히 갈아준다.
④ 그라인더의 날은 주기적으로 분리하여 청소해 주고, 마모도를 파악하여 교체해 준다.

21 다음은 커피머신 관리법에 관한 설명이다. 바르게 설명된 것은 무엇인가?

① 역류세척은 2주에 1번씩 해주는 것이 좋다.
② 개스킷은 고온에 의해 경화되기 때문에 주기적으로 교체해 주는 것이 좋다.
③ 에스프레소 머신은 자체적으로 정수필터가 장착되어 있어 따로 정수기를 사용할 필요가 없다.
④ 추출 후 다음 추출 시까지 포타필터 내의 커피케이크는 제거를 하지 않는 것이 좋다.

22 다음은 크레마에 관한 설명이다. 틀리게 설명한 것은?

① 약 1oz의 에스프레소의 향미를 보존해 주는 역할을 한다.
② 크레마의 상태를 보고 에스프레소의 품실을 평가할 수 있다.
③ 오일 성분과 휘발성 향미 물질로 이루어진 액상막이 작은 거품방울로 모여 있는 것이다.
④ 크레마의 두께는 두꺼울수록 무조건 좋은 것이다.

23 다음 중 Espresso Solo의 추출 조건으로 옳지 않은 것은 무엇인가?

① 추출 압력 : 1.1~1.5bar
② 물의 온도 : 90~95℃
③ 분쇄도 : 0.1~0.3mm
④ 원두의 양 : 7±1g

24 다음은 에스프레소의 추출 상태를 설명한 것이다. 과다 추출에 해당하는 것은 어떤 것인가?

① 크레마의 색은 전체적으로 적갈색을 띠며, 추출 시 줄기가 다소 빠르게 떨어졌다.
② 크레마의 두께가 1cm로 두꺼웠으며, 추출 시 줄기가 꿀렁거리며 떨어졌다.
③ 크레마의 색이 전체적으로 어두운 갈색을 띠며, 추출 후 크레마에 검은 반점이 생겼다.
④ 크레마의 두께가 굉장히 얇아 검은 액이 비쳐 보이고, 추출 후 크레마에 하얀 반점이 생겼다.

25 다음은 추출을 마친 에스프레소의 상태를 설명한 것이다. 과소 추출에 해당하는 것은 무엇인가?

> ㄱ. 크레마의 색이 전체적으로 밝은 갈색을 띤다.
> ㄴ. 크레마의 표면을 관찰해 보니 검은 반점이 눈에 띄었다.
> ㄷ. 크레마의 두께가 두껍고 시간이 지나면 금방 사그라진다.
> ㄹ. 에스프레소의 맛은 신맛이 도드라지며 향미가 약하다.

① ㄱ, ㄴ
② ㄱ, ㄹ
③ ㄴ, ㄷ
④ ㄴ, ㄹ

26 다음은 카푸치노에 대한 설명이다. 틀리게 설명한 것은 무엇인가?

① 에스프레소와 폼드밀크가 어우러진 음료이다.
② 카푸치노 제조 시 에스프레소와 우유, 거품의 비율이 중요하다.
③ 카푸치노의 '치노'는 우유라는 뜻을 가지고 있으며, 커피를 부드럽게 즐길 수 있다.
④ 제조방법에 따라 드라이dry 카푸치노, 웨트wet 카푸치노로 나뉜다.

27 에스프레소 메뉴에 관한 설명이다. 바르게 설명한 것은 무엇인가?

① 리스트레토 : 에스프레소와 추출 시간은 동일하나 추출양이 40±5ml로 조금 더 많다.
② 에스프레소 : 20~30초 사이에 15±5ml를 추출하는 음료이다.
③ 룽고 : 추출시간이 에스프레소보다 다소 짧고, 15±5ml를 추출하는 음료이다.
④ 도피오 : 더블double이라는 의미를 가지며, 투 샷, 혹은 더블 샷이라고도 한다.

01-④	02-②	03-①	04-③	05-①	06-④	07-③	08-①	09-①	10-③
11-①	12-②	13-③	14-①	15-④	16-④	17-③	18-③	19-④	20-①
21-②	22-④	23-①	24-③	25-②	26-③	27-④			

참고문헌

강재헌. 커피와 건강. 한국논단, 2005
김경희. 우리나라 20대 여성의 커피 음료 섭취형태. 중앙대학교 의약식품대학원 석사학위논문, 2003
데이비드 쇼머. 김이신 옮김. 에스프레소 : 전문가를 위한 테크닉. 테라로사, 2011
문준웅. PERFECT ESPRESSO. (주)아이비라인 월간 COFFEE, 2008
문준웅. 완전한 에스프레소, 커피의 이해. 아이비라인, 2008
문준웅. 커피와 차. 현암사, 2004
류무희, 장혜진, 황지희, 이유주, 오경화, 김광오, 김지영. 음료의 이해. 교문사, 2006
박선영. 차 전문점을 통한 차 대중화 방법에 대한 연구. 원광대학교 동양과학대학원 석사학위논문, 2005
송주빈. 커피사이언스. 주빈, 2009
송주빈 역. Scott Rao. 프로페셔널 바리스타. 주빈, 2009
스테판 멜시오르 뒤랑 외. 박혜영 옮김. 창해ABC북, 차. 창해, 2002
알랭스텔라. 강현주 역. 커피. 창해, 1993
이광주. 동과 서의 茶 이야기. 한길사, 2002
이성우. 한국식품문화사. 교문사, 1997
이승훈. 올 어바웃 에스프레소. 서울꼬뮨, 2010
이영민. 커피트레이닝. (주)아이비라인, 2007
이윤호. 완벽한 한잔의 커피를 위하여. MJ 미디어, 2008
전광수, 이승훈, 서지연 외. 커피바리스타. 형설출판사, 2007
조윤정. 커피. 대원사, 2008
최성일. 커피 트레이닝 바리스타. 땅에쓰신글씨, 2008
케네스 데이비즈. 이효숙. 정원준 옮김. 홈 커피 로스팅. 교문사, 2012
케네스 데이비즈. Coffee. ST.MARTIN'S GRIFFIN, 2001
(사)한국커피전문가협회. 바리스타가 알고 싶은 커피학. 교문사, 2011
한정혜 외. 정통 테이블세팅. 백산출판사, 2005
호라구치 토시히데. 윤선혜 옮김. 커피 교과서. 달, 2012
홍진숙 외. 식품재료학. 교문사, 2005
Jean Nicolas Wintgens 편집. Coffee: Growing, Processing, Sustainable Production. WILEY-VCH Verlag GmbH & Co. KGaA, 2009

JY Specialty Coffee

UCC Coffee 味覺表現委員會. Coffee Book. 新星出版社, 2002
成美堂出版編輯部編. 紅茶の事典. 成美堂出版, 2002
お茶を樂しむ事典. 西東社, 2005
成美堂出版編輯部編. 中國茶の事典. 成美堂出版, 2000
谷口安宏 감수. 紅茶圖鑑. 日本文藝社, 2003
磯淵猛. 紅茶事典. 新星出版社, 2005
南廣子 감수. 日本茶 紅茶 中國茶. 新星出版社, 2002
新星出版社編輯部編. am라事典. 新星出版社, 2007
有本香. 中國茶 臺灣茶. 光邦, 2004
高野健次. 紅茶 おいしいたて方. 新星出版社, 2001
日本紅茶協會 감수. 紅茶を もっと樂しむ. 講談社, 2005

:: 찾아보기

■ 저자 소개 ■

이효숙
강남대학교 대학원 사회사업학과 문학 석사
현재 ㈜커피더쏠 대표이사, 더쏠커피교육학원 원장

장혜진
경기대학교 관광전문대학원 외식산업경영전공
관광학 박사
현재 한양여자대학교 외식산업과 교수

김지영
경기대학교 일반대학원 외식조리관리학과 관광학 박사
현재 한양여자대학교 식품영양과 교수

류무희
경기대학교 일반대학원 외식조리관리학과 관광학 박사
현재 호원대학교 외식서비스경영학과 교수

오재복
경기대학교 관광전문대학원 식공간연출전공 관광학 박사
전 경기대학교 관광전문대학원 교수

• 사진촬영 : 김형섭(INO studio)

커피 바리스타

2014년 1월 10일 초판 발행
2020년 3월 5일 2쇄 발행

지은이 | 이효숙 · 장혜진 · 김지영 · 류무희 · 오재복
발행인 | 유제구
발행처 | 파워북
주　소 | 경기도 고양시 일산동구 호수로 358-25 동문타워2차 529호
전　화 | (02) 730－1412
F A X | (031) 908-1410
등　록 | 1987년 1월 31일 제2014-000067호

정가 20,000원
ISBN 978-89-8160-208-6 (93590)

잘못된 책은 바꿔드립니다.